Wolfgang Wittkowsky

Personen und Persönliches

Wolfgang Wittkowsky

PERSONEN UND PERSÖNLICHES

VPK

VERLAG PFÄLZER KUNST
Dr. Hans Blinn · 76829 Landau i. d. Pfalz

Herausgeber:

„Verlag Pfälzer Kunst" – Dr. Hans Blinn, 76829 Landau i. d. Pf.

Redaktionelle Betreuung: Roland Jossé, 67480 Edenkoben
Umschlaggestaltung: Heinz Brzoska, Rhodt u. Rietburg
Lithos: Gräber Reprotechnik, 67433 Neustadt/Wstr.
Druck: KOMET Druck- und Verlagshaus GmbH, 66954 Pirmasens
Buchbinderei: J. Schäffer GmbH & Co. KG, 67269 Grünstadt

November 2003

ISBN: 3 - 922 580 - 93 - 9

Inhaltsverzeichnis:

Vorwort 7

Hochschule 8

Die Professoren 8

Der Literaturprofessor 8
Der Vor- und Frühgeschichtler 10
Der Professor für mittelalterliche Literatur 12
Der Sprecherzieher 13
Der Religionswissenschaftler 14
Der Philosoph 16

Politik 18

Die Personen 18

Der Handwerksmeister 18
Der Landrat 19
Die Bürgermeister 21
Der Minister 23
Der Minister und Bezirksvorsitzende 26
Der Ministerpräsident 32
Der Fraktionsvorsitzende 33
Die Bundestagsabgeordneten 36
Der Kollege 40
Die Landrätin 43
Die Landesvorsitzenden 44
Der Jahrhundertvertrag 46
Die Bundesversammlungen der Jahre 1989 u. 1994 49

Die Sprechblüten der Politiker 52

Reisen 73

I. Die Reisen in die USA 73

II. Auslandsreisen der Landtagsfraktion 87
Die Reise nach Portugal 87
Die Reise nach Ungarn 89
Die Reise nach Südafrika 90
Die Reise nach Südtirol 93
Die Reise nach Tschechien 96

III. Informationsreisen des Fraktionsvorstandes und der Fraktionsspitze im Aus- und Inland 97
Die Reise nach Kroatien 97
Die Reise nach Rom 99
Die Reise nach Passau und München 103

IV. Weitere Reisen als Abgeordneter 104
Die Reise nach Ruanda 104
Die Reise in die Türkei 112
Die Reise nach San Francisco 115
Die Reisen nach Moskau und Wolokolamsk in Russland 118
Die Reise nach Schottland 128
Die Reise nach Salzburg 133
Die Reisen in die DDR 135

VORWORT

Dieses Buch ist Erlebnissen aus der Studien- und der Abgeordnetenzeit des Autors gewidmet.

Dabei verteilt es die Gewichte sehr unterschiedlich und erscheint zu Recht unausgewogen. So beginnt und endet es z. B. ganz unvermittelt. Es erhebt auch keinen literarischen Anspruch, es bedient sich der Sprache des erinnernden Erzählers.

Das Buch lebt von subjektiver Auswahl und subjektiven Wertungen. Den hier geschilderten Begebenheiten liegen – außer den Zitaten – keine Aufzeichnungen zugrunde. Sie ergeben sich aus der Erinnerung des Autors. Dabei will er, soweit es ihm möglich ist, der Wahrheit entsprechen.

Erinnerte Wahrheit ist freilich vor Fehlern nicht gefeit. Deshalb wird von vornherein um Nachsicht gebeten.

Banales und Bedeutenderes mit all den subjektiven Schwächen beziehen sich auf eine für den Autor interessante und lebenswerte Zeit. Er hofft, dass er mit der Darstellung des Erinnerten auch anderen eine Freude machen kann.

Wachenheim, im November 2003 Wolfgang Wittkowsky

HOCHSCHULE

Die Professoren

Notwendige Vorbemerkung:

Wenn hier Professoren in ganz kurzen Episoden genannt werden, dann können damit diese akademischen Lehrer keineswegs hinreichend charakterisiert werden, schon gar nicht in ihrem wissenschaftlichen und pädagogischen Rang.

Der Literaturprofessor

Prof. Dr. Willy Flemming gehörte zum Urgestein der Johannes-Gutenberg-Universität in Mainz. Er war seit ihrer Gründung dabei.

So erzählte er selbst – und er war noch immer begeistert davon –, dass er in den Anfangssemestern der Jahre 1946/47 zusammen mit seinen Studenten in einer kalten Dachkammer bei hochgeschlagenem Mantelkragen „Don Carlos“ von Schiller gelesen habe.

Er hatte sich für seine Vorlesungen jeweils die Literatur eines Jahrhunderts vorgenommen. Und als er einmal in einem bestimmten Zusammenhang auf Martin Opitz von Boberfeld zu sprechen kam, da rief er souverän: „Aber über ihn habe ich ja schon im letzten Jahrhundert gelesen!“ – und er war schon so alt, dass wir es ihm fast geglaubt hätten.

Prof. Flemming las meist im Auditorium Maximum, das von hinten nach vorne zum Pult ein beträchtliches Gefälle hatte. Eines Vormittags hatte sich von ganz hinten die gläserne Milchflasche eines Kommilitonen selbständig gemacht und rollte mit wachsender Geschwindigkeit nach vorne, um dann mit einem lauten Knall an der Umrandung des kleinen Podestes anzuschlagen, auf dem das Rednerpult des Professors stand. Mit großem Gelächter reagierte der Saal voller Studenten – und der Professor hob nur den Kopf, errötete leicht und fragte mit unsicherer Stimme: „Hab’ ich einen Witz gemacht?“

Bei einem Internationalen Germanisten-Kongress in Heidelberg meldete sich Professor Flemming persönlich im Tagungsbüro an.

Nachdem er offensichtlich die ihm dabei ausgehändigten Unterlagen durchgesehen hatte, kam er ein zweites Mal an den Tisch der Empfangsorganisation und sagte zu dem studentischen Helfer: „Ich habe da eine Einladung zu einem Staatsempfang für die Kongressteilnehmer entdeckt, aber da ich direkt von einer Tagung in Rotterdam komme, habe ich keinen angemessenen festlichen dunklen Anzug dabei.“

Daraufhin bot der studentische Helfer Herrn Prof. Dr. Flemming seinen eigenen schwarzen Anzug an. Er willigte freudig ein, der Student brachte ihm seinen Anzug ins Hotel, und der Professor erschien dunkel und festlich gewandet beim Empfang der baden-württembergischen Staatsregierung mit Kultusminister Simpfendörfer im großen Saal des Heidelberger Schlosses.

Als er dann den Anzug am nächsten Tag wieder in das Tagungsbüro zurückbrachte, sagte er – erneut leicht errötend – zu dem edlen Spender: „Ich hätte Ihren Anzug eigentlich gar nicht gebraucht, denn ich habe noch einmal die Einladung genau gelesen, und da stand ‚Straßenanzug.'"

Der Vor- und Frühgeschichtler

Prof. Dr. Herbert Kühn lehrte Vor- und Frühgeschichte an der Universität Mainz, aber es war keine Seltenheit, dass sein Name im Vorlesungsverzeichnis mit dem Zusatz „liest nicht" versehen war. Dann weilte er einmal wieder zu langen Forschungsaufenthalten im Ausland. Er hatte zwei Fischer-Bändchen veröffentlicht mit den Titeln „Vom Erwachen der Menschheit" und „Vom Aufstieg der Menschheit". Und er gestaltete Ende der fünfziger, Anfang der sechziger Jahre eine Fernsehreihe über seinen Forschungsbereich, insbesondere über die Höhlenmalereien in Südfrankreich.

Wenn er aber in Mainz seine Vorlesungen hielt, frei sprechend im abgedunkelten Saal 7 – mit einer Sekretärin an einem kleinen Lämpchen, die jedes Wort mitschrieb –, dann war er ein Ereignis an Wissen und Selbstbewusstsein. Dabei streute er immer wieder sehr gerne kleine persönliche Erlebnisse ein.

So erzählte er zum Beispiel: „Als ich mit Madame Tschiang Kaischek die Alleen in Peking entlangging, fragte ich sie: ‚Wann werden Sie endlich in China das Christentum einführen?' Sie erwiderte lakonisch: ‚Herr Professor, wenn Ihr Christentum einmal so gut sein wird wie Ihre Volkswagen, dann werden wir auch das Christentum in China einführen!' "

Ein anderes Mal erinnerte er sich: „Als ich mit der Witwe von Rainer Maria Rilke in Worpswede über die Heide ging, sagte sie zu mir: ‚Sehen Sie, Herr Professor, als ich einmal mit Rainer Maria diesen Weg ging, merkte ich plötzlich, dass er nicht mehr an meiner Seite war. Ich blickte mich um und sah, wie er ganz versunken, um nicht zu sagen versteinert, vor dieser Buche stand. Ich ging zu ihm zurück und fragte ihn, was denn sei, und er antwortete nur: ‚Weißt du, Clara – der Baum war auf einmal so da!' "

Auch sonnte sich Professor Kühn gerne im Glanz der Besten – er pflegte von internationalen Kongressen wie folgt zu berichten: „Alle Spitzen der Wissenschaft waren vertreten - ich selbst war auch da ...."

Sehr viel später – er war wohl schon lange emeritiert – konnte man ihn öfter mit schwarzem Mantel und hoch geschlagenem Kragen ganz allein in einem tiefen Fauteuil der Lobby des Mainzer Hilton Hotels sehen.

Der Professor für mittelalterliche Literatur

Prof. Dr. Bodo Mergell war ein begnadeter Redner: Er war, wie Professor Kumpf in Thomas Manns „Dr. Faustus" „der saftigste Redner der ganzen Hochschule", eine „wuchtige Persönlichkeit". Er vergegenwärtigte die Bilder des Mittelalters in seinen Worten. Man sah das Geschehen der Nibelungensage förmlich vor sich: die Proben des Königs Gunter, die Brunhild ihm auferlegt hatte, den heimtückischen Mordversuch des finsteren Hagen und alles andere auch.

Bodo Mergell war leidenschaftlich, ja fanatisch, wenn er sprach. Und dazwischen erzählte er auch gerne eigene Erlebnisse, wie die folgende Geschichte, die mir im Gedächtnis geblieben ist:

Er berichtete von einer Afrikareise mit der Eisenbahn: „Es war eine sternenklare Nacht, und da blieb plötzlich mitten auf freier Strecke der Zug stehen – die Lokomotive hatte einen Schaden. Einige von uns stiegen aus, wir vertraten uns die Beine und atmeten die frische Luft – dann trat der berühmte Operntenor, der sich in unserer Reisegruppe befand, ein wenig zur Seite, hob seine Arme und sang voller Inbrunst die Arie „Oh, du mein schöner Abendstern“.

Der Sprecherzieher

Fritz Lockemann war der Sprecherzieher am Deutschen Institut der Johannes Gutenberg-Universität in Mainz. Und er nahm es in seinen Kursen und Seminaren mit der Artikulation besonders ernst - wobei er nach dem Gefühl vieler ein wenig zu pointiert artikulierte.

Fritz Lockemann ist ein tragisches wissenschaftliches Schicksal zuteil geworden: Er hatte jahrelang an einem Standardwerk zur Geschichte der Novelle gearbeitet, hatte es praktisch abgeschlossen und wollte es dem Verlag zur Drucklegung geben – als Johannes Klein sein eigenes Standardwerk über die „Geschichte der Novelle“ veröffentlichte, das fast genauso angelegt war, wie das Manuskript von Fritz Lockemann, der nie Professor wurde. Der Sprecherzieher, dem das ganze Mitgefühl seiner Studentinnen und Studenten galt, konnte sein Buch nicht mehr veröffentlichen – sein Traum von einem wissenschaftlichen Standardwerk war ausgeträumt.

Da gab es noch eine kleine Begebenheit mit einem Assistenten des Deutschen Instituts. Dieser hatte in demselben Raum der Universität seine Sprechstunde wie auch Fritz Lockemann, nur eine Stunde später. Eines Tages war Lockemanns Sprechstunde eigentlich längst vorbei und die des Deutsch-Assistenten hätte schon vor längerer Zeit beginnen sollen, aber der Sprecherzieher hielt immer noch, zusammen mit einer Studentin, das Zimmer besetzt.

Der Assistent wartete bereits mit zwei Studenten, die zu ihm in die Sprechstunde wollten, auf dem Flur. Als endlich die Tür sich öffnete, und ein strahlender Fritz Lockemann heraustrat. Noch bevor der Assistent etwas sagen konnte, skandierte er mit langen Wortpausen in seiner unnachahmlichen Artikulation: „Sehen Sie, Herr Friedrich, bei mir…geht das alles…hopp…hopp…!"

Der Religionswissenschaftler

Die Rede ist von einem Ordinarius der Religionswissenschaft. Er war Junggeselle, klein von Statur, sehr agil, etwas schwerhörig und schon ziemlich alt geworden. Er schien bei der Pflege seiner selbst einiges zu wünschen übrig zu lassen. Es ging die Mär um, Prof. Völker stelle sich vor mit dem Satz: „Mein Name ist Völker, einen anderen Anzug hab' ich nicht".

Seine Seminare beschloss er traditionell mit einem Semesterschlussfest. Als dies einmal im Freien stattfand, verabschiedeten sich drei Damen, die zuvor mit Professor Völker an einem Tisch gesessen hatten, mit der diplomatischen Ausrede: „Wir setzen uns da oben hin, hier duften uns die Linden zu stark!“ Sie hatten kaum an einem weit entfernt gelegenen Tisch Platz genommen, da erschien auch schon der Professor bei ihnen und bemerkte: „Sie haben recht, die Linden duften wirklich zu stark!“

Außerdem wurde der Fall überliefert, zwei Studentinnen hätten beim Dekan der Theologischen Fakultät die Erlaubnis eingeholt, sich für die Prüfung bei Prof. Völker parfümieren zu dürfen, um für eine bessere Atmosphäre zu sorgen.

Geradezu rührend war jedoch die Art des Beifalls seiner Studenten für ihren Professor, der ziemlich schwerhörig war: Wenn er den Musiksaal, in dem er meist seine Vorlesungen hielt, betrat, ergriffen alle Studentinnen und Studenten einen freien Stuhl und stießen ihn ganz laut mehrmals rhythmisch auf den Boden. Dieses Geräusch, nahm der Professor als Begrüßungsapplaus wahr.

Freilich hatte der Professor, der zeitgleich im darunter liegenden Hörsaal 7 seine Vorlesung hielt, seine liebe Not mit diesem Radau. Es ist überliefert, dass der Kunsthistoriker Prof. Gerke dabei einmal völlig ausrastete und in den Saal schrie: „Das braucht sich ein Ordinarius der Johannes-Gutenberg-Universität Mainz nicht gefallen zu lassen!“, worauf er einen Assistenten hinaufschickte, um zu protestieren. Das blieb jedoch ohne jede Folge.

Dieser Kunsthistoriker war überhaupt eitel wie ein Pfau. Er dichtete in seiner Freizeit und sprach sehr gerne darüber. Einmal soll er seine Dichtkunst folgendermaßen charakterisiert haben: „Ich stehe zwischen Dante und Goethe und vermeide die Fehler beider!“

Der Philosoph

Die Philosophievorlesungen von Hans-Georg Gadamer in Heidelberg waren ein Genuss.

Um es gleich zu sagen: von ihm ist jetzt keine Anekdote zu erwarten – dazu kannte man ihn zu wenig, und dazu war sein Verhalten auch zu kontrolliert.

Auch soll kein Abriss über seine Philosophie hier angeboten werden, das wäre der Komplexität der Materie und seines Denkens unangemessen. Aber es soll etwas gesagt werden von dem Gesamteindruck, den er auf viele Studierende machte.

Es war in der Tat schon ein Genuss, seiner wohllautenden Stimme zu lauschen. Da war eine seltene Eleganz der Sprache, es lag in den gesprochenen Worten seiner Vorlesungen literarische Qualität. Man hatte den Eindruck, als würde man ansonsten bekannte und vertraute Worte jetzt in einer neuen Beleuchtung erleben, in ganz einmaligen Bild- und Sinnzusammenhängen. Worte, Texte erfuhren eine besondere Auslegung – man verstand sie in einer überraschenden Interpretation. Man spürte seinen Geist, neue Horizonte erschlossen sich, und man fühlte sich im Denken bereichert. Und so sieht man diesen Mann vor sich: von kleiner bis mittlerer Statur mit leicht gebeugtem Rücken, mit einem unglaublich lebendigen Gesicht und mit der sanften Eindringlichkeit seines Sprechens.

Da gab es einen großen Unterschied zum Beispiel zu seinem Kollegen Karl Löwith, der damals zur gleichen Zeit etwa eine Vorlesung über Karl Marx hielt. Löwith las mit strenger Präzision und zwingender Unerbittlichkeit sein Manuskript, hier überwog die stoffliche Fülle die gedankliche Struktur – zweifellos nicht nur die Folge der thematischen Differenz.

Hans-Georg Gadamer war ein Schüler von Martin Heidegger, er war in enger Nähe zu Nikolai Hartmann, und er bekam dann den Lehrstuhl von Karl Jaspers in Heidelberg. Als sein Hauptwerk wird sein Buch „Wahrheit und Methode" von 1960 angesehen. Er hat die Hermeneutik des griechischen Denkens als eine Lehre des Auslegens und des Verstehens in die moderne Philosophie eingeführt. Er gehört zu den ganz Großen der Philosophie des zwanzigsten Jahrhunderts, eines Jahrhunderts, das sein Leben ganz ausfüllte: am 11. Februar 2000 ist Hans-Georg Gadamer 100 Jahre alt geworden. Im darauf folgenden Jahr ist er verstorben.

POLITIK

Die Personen

Der Handwerksmeister

Der Abgeordnete des Landtags für den Landkreis Bernkastel-Wittlich war ein Handwerksmeister. Er hatte eine gut gehende Schlosserei und Schmiede in der Kreisstadt Wittlich. Im Landtag war er eher unauffällig, aber man schätzte ihn als kompetenten Mittelständler aufgrund seiner klaren, deutlichen Worte, mit denen er seine Meinung zum Ausdruck brachte.

Helmut Kohl hatte ihn 1975 persönlich gebeten, noch eine Legislaturperiode länger im Landtag zu bleiben, weil er von der Berufsqualifikation her den Schlossermeister dort für unentbehrlich hielt. Während dieser letzten Zeit als Abgeordneter fertigte der Handwerksmeister u. a. das schmiedeeiserne Geländer für das Wohnhaus von Helmut Kohl in Oggersheim an.

Der damalige Kreisvorsitzende, der ihm eigentlich schon 1975 nachfolgen sollte, konnte deshalb erst vier Jahre später in den Landtag einziehen.

Als Landtagsabgeordneter aber hat der beliebte Handwerksmeister sich für seine Heimatstadt Wittlich bleibende Verdienste erworben, weil er dafür gesorgt hat, dass aus dem Einkaufsstädtchen der vorderen Eifel eine beachtliche Industriestadt geworden ist.

Kurz vor seinem endgültigen Ausscheiden aus dem Landtag 1979 hatte er bei der Fahrt nach Mainz einen schweren Verkehrsunfall, an dessen Folgen er jahrelang litt.

Später hat er aus der Distanz auch die Kommunalpolitik von mindestens zwei Bürgermeistern der Stadt – meist äußerst kritisch – beurteilt. Aber seine Ratschläge waren stets hilfreich und wertvoll.

Als Abgeordneter war er für viele seiner Kollegen das Beispiel eines freien Mannes.

Der Landrat

Als er anfing, war er der jüngste Landrat in Rheinland-Pfalz, als er nach 26 Jahren aufhörte, war er in diesem Bundesland der dienstälteste. Während seiner langen Tätigkeit, zuerst in Bernkastel-Kues, dann in Wittlich, war er sehr erfolgreich. Der Kreis nahm unter seiner Leitung eine ganz hervorragende Entwicklung:
Schulen, Krankenhäuser, Altenheime und Kindergärten wurden ebenso gebaut wie Straßen und Ortsdurchfahrten, vor allem aber wurde besonders an den Schwerpunktorten Industrie angesiedelt – und das alles in einem Maße, das die Nachbarkreise beneideten.

Die Zusammenarbeit mit ihm war nicht immer spannungsfrei, aber zum Schluss hatte man sich meistens doch zu einer guten oder noch besseren Lösung zusammengerauft.

Sein großes und unablässiges persönliches Engagement galt dem Weinbau an der Mosel und insbesondere dem Rieslingwein. Er war einer der besten Botschafter dieses köstlichsten Produkts aus den Steillagen der Mosellandschaft – und dies übrigens auch im Ausland: so zum Beispiel in den achtziger Jahren zusammen mit der Trachtengruppe aus Piesport und mehreren Winzern in Texas bei einer erfolgreichen Weinwerbung.

Er war über seine kommunalpolitische Tätigkeit hinaus immer auch kulturell und wissenschaftlich interessiert und orientiert. Er hat z. B. jahrelang nebenbei Prüfungsarbeiten für die juristischen Referendare korrigiert. Er hat sich vor allem aber in einer umfassenden Weise um das wissenschaftliche und kulturelle Erbe des Nikolaus von Kues gekümmert und verdient gemacht.

Die Bürgermeister

Der erste Bürgermeister einer kleinen Stadt an der Mosel, von dem hier die Rede sein soll, gehörte der FDP an. Er hatte von Anfang an eine Gegnerschaft gegenüber der CDU. Als Mitglied dieser Partei hatte man immer den Eindruck, dass diese Gegnerschaft auch persönlich gemeint war. Das spielte sich vor allem im Stadtrat ab und gelangte dann immer als Kontroverse in die Presse. Die Auseinandersetzungen waren an Hartnäckigkeit kaum mehr zu überbieten, sie hatten in der Regel auch keinen Erfolg.

Schließlich ist dieser Bürgermeister nicht politisch, sondern persönlich gescheitert. Er sprach den edlen Gewächsen seines Amtsbereichs außerordentlich stark zu, seine resolute Frau hat ihn gelegentlich des Nachts höchstpersönlich aus den Gaststätten und Bars abgeholt und nach Hause gebracht. Schließlich musste er sein Amt aufgeben.

Der andere Bürgermeister, der ihm in dieser kleinen Stadt an der Mosel das übernächste Mal nachfolgte, war ein Mann aus der vorderen Eifel. Er gehörte der CDU an, war sehr eifrig und fleißig, gleichwohl konnte und wollte er die Kapazität seines Vor-Vorgängers nicht übertreffen. Er bemühte sich, die Initiativen der Fraktionen in praktische Politik umzusetzen, aber da er eitel war, ließ er oft nicht mehr erkennen, woher die neuen Ideen und Initiativen gekommen waren.

Immerhin war während dieser Zeit für das kleine Städtchen an der Mosel eine Menge geschehen: so z. B. die Planung und der Bau neuer Kuranlagen mit einem neuen Kurmittelhaus, die Ansiedlung neuer gastronomischer Betriebe, die Planung der Neugestaltung des Schwimmbades, der Bau eines neuen kleinen Krankenhauses sowie die Umgestaltung des Bahnhofsbereichs, einschließlich des Bahngebäudes und vor allem die vorzeitige Aufnahme der Stadt in das Städtebauförderungsprogramm, das sich über viele anschließende Jahre hinweg als sehr segensreich erwies.

Als besonderes Kennzeichen dieses Bürgermeisters konnte gelten, dass er mit den Fremdwörtern permanent auf Kriegsfuß stand. So würdigte er zum Beispiel verdiente Mitbürgerinnen und Mitbürger bei Ehrungen oder Jubiläen hartnäckig wegen ihres großen und erfolgreichen „Arrangements“ (so stand es manchmal dann auch in der Zeitung) – und wenn es im Stadtrat z. B. galt, eine „Zusammenschau“, eine „Synopse“ verschiedener Standpunkte oder Wertungen zu veranstalten, dann sprach dieser Bürgermeister regelmäßig von einer „Sympose“.

Der Minister

Er wurde sehr alt und war ein hervorragender Mann. Er hatte sich aus kleinsten Anfängen hochgearbeitet, kam aus der christlichen Gewerkschaftsbewegung und war zeit seines Lebens in einer vorbildlichen Weise sozial eingestellt. Er war einer der Politiker, die beispielhaft vorgelebt haben, dass das Hauptanliegen der Politik sein muss, sich um die Menschen – und das heißt auch den einzelnen Menschen – zu kümmern.

Er hat dies exemplarisch noch in den vielen Jahren seines Ruhestandes bewiesen, als er sich im Namen der CDU mit regelmäßigen Sprechstunden in der Geschäftsstelle für die Bürgerinnen und Bürger als Ombudsmann betätigte: er half den Menschen bei ihren Rentenangelegenheiten und allen sonstigen Schwierigkeiten, die sie mit Behörden hatten. Und so war er zu einer Persönlichkeit geworden, der man mit großem Respekt, mit Anerkennung, ja mit Verehrung begegnete.

Die Würdigung kann nicht beeinträchtigt werden durch den Blick auf eine kleine, wenn auch wirkungsvolle Schwäche, die diesen Mann ausgezeichnet hat: er hatte einen fatalen Hang zu Fremdwörtern, die er aber fast alle verfehlte.

Wenn es heißt, Fremdwörter seien Glücksache, dann hat ihn das Glück dabei fast regelmäßig verlassen.

Ich will dazu jetzt doch einige Beispiele anführen: Es war bei einer Großveranstaltung vor der Porta Nigra in Trier. Er führte als Bezirksvorsitzender den bundespolitischen Hauptredner ein - dabei rief er in die Menge: „Und von Kontingent zu Kontingent erschallt der Ruf ‚Frieden!' "

Er war katholisch, und er hatte angenommen, dass auch ein Kreisvorsitzender der Region aus seiner christlichen Partei katholisch sei. Als er dann aber erfuhr, dass dieser Protestant war, sagte er nach einer routiniert überstandenen Schrecksekunde: „Aber das macht ja nichts, das macht heute gar nichts mehr im Zeitalter der Ökonome."

Dann hat er einmal einen Experten für Strukturplanung empfohlen mit den Worten: „Das ist eine Konifere auf seinem Gebiet."

Bei einer Landrätedienstbesprechung auf Bezirksebene, an der er als Innenminister teilnahm, hörte er sich zuerst eine Weile den Streit der Landräte darüber an, wer denn die Kosten für die so genannte Bezirkstierschau übernehmen müsse; dann aber schlug er mit seiner fleischigen Hand auf die Tischplatte und rief zu dem Bitburger Landrat hinüber: „Aber Herr Landrat, Herr Landrat, das bezahlen Sie doch locker aus ihrem Präservativfonds!"

Wie zu erfahren war, machten sich zumindest zwei seiner persönlichen Referenten und Redenschreiber einen Spaß daraus, dem Minister möglichst viele Fremdwörter in seine Rede hineinzuschreiben, und sie sollen dann bei der Veranstaltung jeweils mit einem zweiten Redeexemplar in der hintersten Reihe gesessen haben und mitverfolgt haben, wann das nächste Fremdwort käme – nach dem Motto: „Achtung, jetzt kommt's!"

Aber auch die deutsche Sprache war nicht ganz sicher vor seinen eigenwilligen Wortbildungen. So rief er einmal bei einer Veranstaltung auf dem Hunsrück den Morbachern zu, die gegen die drohende Schließung ihres Krankenhauses kämpften: „Und so rufe ich Sie die drei Worten zu: ‚Haltet durch!' "

Schließlich wurde der verdienstvolle Minister bei seinem 80. Geburtstag mit einer großen Festveranstaltung geehrt: Helmut Kohl, Bernhard Vogel, Norbert Blüm und andere sprachen zu seinen Ehren - da malte sich so mancher schon aus, wie wohl am Schluss die Dankesrede des Ministers ausfallen werde. Aber als es dann so weit war, ergriff er das Mikrophon und sagte nur: „Lassen Sie mich alles, was ich empfinde, zusammenfassen in die drei Worte: ‚Ich danke Sie!' "

Zu diesem Kapitel „Fremdwörter sind Glückssache" passt auch die treffliche Aussage eines anderen Politikers: Bei einer Podiumsveranstaltung mit Vertretern der

Parteien vor einer Bundestagswahl sagte dieser zu dem Leiter der Diskussion, der auf der Bühne neben ihm saß: „Gib' mir doch mal das Mikroskop herüber, die Leute verstehen mich ja sonst nicht!"

Der Minister und Bezirksvorsitzende

Er war über zwanzig Jahre lang die zentrale politische Gestalt der führenden Partei im Regierungsbezirk Trier. Sein Werdegang sei kurz geschildert:
Der gebürtige Westfale aus dem Münsterland war mit jungen Jahren schon seit 1940 Kriegsteilnehmer. Nach einer kurzen Gefangenschaft kam er zuerst nach Prüm, später nach Wittlich. Seine berufliche Ausbildung beschloss er als Studienrat am Gymnasium.
Dann begann sein eindrucksvoller politischer Weg: Er war Kreisvorsitzender, Landtags- und Bundestagsabgeordneter, dann Staatssekretär, Bezirksvorsitzender und schließlich Minister in Mainz.

Am politischen Werdegang mancher Jüngerer hatte er einen maßgeblichen Anteil. Das war keine Besonderheit: das galt für jede politische Laufbahn in dieser Partei damals im Bezirk Trier. Der Minister war als Bezirksvorsitzender eine mächtige Figur, die außer der Sachpolitik vor allem die personellen Entscheidungen sich vorbehielt. In der Sachpolitik hat er sich große Verdienste erworben im Bereich von Wirtschaft und

Verkehr, ganz gewiss für das gesamte Land, aber besonders für den Regierungsbezirk Trier.

Über Jahre hinweg wurden die Konzepte für die Weiterentwicklung des Bezirks, des „Trierer Landes", in seinem Bezirksvorstand und in Arbeitsgruppen, die er eingesetzt hatte, entwickelt. Auch wenn die Diskussionen oft sehr langatmig und manchmal sogar quälend waren – am Schluss zählte immer nur das Ergebnis, und das war positiv.

Persönlich war der Minister und Bezirksvorsitzende durchaus kompliziert, auch sehr empfindlich, aber vor allem liebenswert. Widerspruch hat er nur schlecht ertragen. Ein großes Glück war es, dass er fast immer Recht hatte. Bei den zwei großen Entscheidungen von Partei und Fraktion in Mainz über die Nachfolge von Helmut Kohl als Landesvorsitzender und als Ministerpräsident war er vorher allerdings entschieden auf der Seite der späteren Verlierer: er trat für Heiner Geißler und nicht für Bernhard Vogel als Landesvorsitzenden und für Johann Wilhelm Gaddum und nicht für Bernhard Vogel als Ministerpräsidenten ein. In diesem Sinne hat er auch jeweils auf die Delegierten der Partei aus seinem Bezirk den von ihm erwarteten Einfluss genommen.

Nach den Entscheidungen jedoch ist er ein treuer Anhänger Bernhard Vogels geworden.

Das ging dann schließlich so weit, dass er das Recht auf einen eigenen Standpunkt, das er selbst für sich vorher beansprucht hatte, später anderen verweigerte: In der Auseinandersetzung um den Landesvorsitz zwischen Hans Otto Wilhelm und Bernhard Vogel hat er es denen, die für Hans Otto Wilhelm eingetreten sind, persönlich übel genommen, dass sie geglaubt hatten, während der Zeit einer Koalitionsregierung sei es besser, die Ämter des Landesvorsitzenden und des Ministerpräsidenten zu trennen.

Schwächen und Stärken waren bei diesem Minister auf eine originelle Weise miteinander verbunden. Es gibt eine Fülle von Beispielen seiner Verhaltensweise, und jeder erzählte dem anderen dann auch wieder neue hinzu. Hier soll es mit nur wenigen sein Bewenden haben: Nach einem langen Tag und einer Abendveranstaltung konnte es schon einmal vorkommen, dass der Minister und Bezirksvorsitzende seine Begleiter noch zu einem Restaurantbesuch überredete. Er tat das meist mit den Worten: „Geh'n wir doch gerade noch ein Mündchen voll essen!“ Er kannte dabei alle Lokale in seiner Heimatstadt, die gegen Mitternacht noch geöffnet hatten. Und wie das dann lief, war für alle Teilnehmer meist von vornherein klar: es wurde ein ausführliches Essen – fast immer Rumpsteak mit Bratkartoffeln und Salat, zwei Scheiben Brot extra, mit einer Suppe vorher und einem Dessert anschließend.

Manchmal hatte er mit einem Abgeordnetenkollegen etwas ganz Dringendes, etwas ganz Wichtiges zu besprechen. Oft lud er dann zu einem Mittagessen ein. Und dann verging die Zeit meist, indem er eine Menge interessanter Dinge erzählte – er konnte wunderbar erzählen, und es war kaum möglich, sich der Faszination seiner Berichte zu entziehen. Aber plötzlich sah er zur Uhr – da waren schon eineinhalb oder zwei Stunden vergangen – und er entdeckte, dass er schon seit einer Viertelstunde einen wichtigen Termin hatte. Er sagte dann nur noch bedauernd: „Ach, jetzt haben wir ja doch noch nicht über diese Sache gesprochen – aber das müssen wir ganz dringend sehr bald nachholen!“ – und es konnte passieren, dass es das nächste Mal genauso ging.

Einmal hat er die Weihnachtsferien dazu benutzt, im Krankenhaus unter ärztlicher Aufsicht durch eine Null-Diät etwas von seiner beachtlichen Korpulenz zu verlieren. Als dies dann auch gelungen war, ohne dass er allerdings seine Kleidung dem veränderten Körpergewicht bereits angepaßt hätte, stand er eines Morgens in Mainz vor seiner Ministerkollegin, packte vorne am Bauch Hose, Hemd und Jackett mit einem Griff zusammen und fuhr ziehharmonikaähnlich hin und her, indem er sagte: „Sehen Sie, Frau Laurien, das alles war einmal ich!“

Nach einem halben Jahr war das alles dann wieder „er“, ohne dass er inzwischen die Kleidung hätte anpassen müssen.

Unvergessen ist bei den Beteiligten auch die denkwürdige Fahrt zur Abschlusskundgebung eines Katholikentages in Essen. Der Wagen war voll besetzt, der Minister fuhr an diesem Sonntag selbst, es war wie immer höchste Eile geboten. Als er auf der Höhe Köln an einem Stück neugebauter Autobahn vorbeikam, erklärte er, seine vermeintliche Ressortkenntnis bemühend, sogleich: „Diese Autobahn ist schon fertig, sie ist nur noch nicht eingeweiht, wir können hier ein ganzes Stück abkürzen!“

Gesagt, getan: der mit vier Personen vollbesetzte PKW mit einem Minister am Steuer fuhr einsam die neue Strecke, und zwar eine ganze Weile lang. Dann plötzlich aber endete die neue Autobahn abrupt im öden Niemandsland. Der Minister sagte nur: „Dann hat das ja doch nicht gestimmt!“

Er musste umkehren und die ganze lange Wegstrecke wieder zurückfahren. Dabei war so viel Zeit vergangen, dass man die eigentliche Absicht aufgeben musste, nach Essen zum Katholikentag zu fahren. Man fuhr in die Heimatstadt zurück, und der Minister lud zum Essen ein.

Eine Geschichte aus Amerika hat er immer wieder gerne selbst erzählt: Er habe auf einem kleinen Flugplatz einer kleinen Stadt in Arizona ziemlich allein an dem Gate gestanden und auf den Abflug gewartet, als ein zweiter Mann hinzugekommen sei.

Dieser habe ihn zuerst etwas gemustert und ihn dann gefragt: „Sind Sie Deutscher?“ Als der Minister das bejaht hatte, habe der Fremde gesagt: „Dann kennen Sie bestimmt Heinz Schwarz!“ Verblüfft habe der Minister auch dies bejaht: Heinz Schwarz, später zeitweilig sein Ministerkollege, war damals noch Vorsitzender der Jungen Union.

Es wurde nie ganz aufgeklärt, wie dieser Zufall zustandegekommen war. Aber Heinz Schwarz war ganz stolz darauf! Und er bat später in geselligen Runden den Minister immer wieder: „Heinrich, erzähl' doch mal die Geschichte aus Amerika!“

Aber leider waren auch – zumindest zwei – gewisse Schwächen des Ministers deutlich ausgeprägt: Er kam zu Veranstaltungen fast immer zu spät, er redete oft viel zu lang, und er beantwortete fast nie einen Brief, den Parteifreunde oder Petenten an ihn geschrieben hatten. Er soll all diese unbeantworteten Briefe im Kofferraum seines Dienstwagens stets mit sich geführt haben.

Dass er dies tat, war aber keineswegs Nachlässigkeit, sondern eher das Gegenteil, nämlich eine zu große Gewissenhaftigkeit: er wollte zuerst immer alles genau recherchieren, es sollte alles hieb- und stichfest sein, was er nach sorgfältigem Abwägen den Petenten schreiben wollte.

Wurde er in Versammlungen aber von einem der Briefschreiber angesprochen, dann wusste er dank seines unwahrscheinlichen Gedächtnisses meistens noch den Sachverhalt, um den es dem Petenten ging. Selbst in seinen Schwächen war er brillant!

Der Ministerpräsident

Er war Junggeselle, hochgebildet und intelligent. Er hatte mit Helmut Kohl in Heidelberg zusammen studiert. Er besaß, wie der Minister und Bezirksvorsitzende es manchmal formulierte, „die Chance, sich durch das Wort vor der Tat zu drücken". Aber er hat diese Chance nicht gebraucht. Seine Regierungszeit war eine erfolgreiche Zeit mit vielen guten Taten, durch die sich das Land erfreulich entwickelte.

Das kleine Moselstädtchen Traben-Trarbach z. B., von dem schon gesprochen wurde, verdankt diesem Ministerpräsidenten seinen Ausbau zu einem echten Mittelzentrum. Außerdem brachte er zur Zeit seiner Ministerpräsidentschaft eine stattliche Menge Geldes als Fördermittel jeglicher Art in den Wahlbereich des dort zuständigen Abgeordneten, das heißt in den Landkreis Bernkastel-Wittlich.

In der strittigen Frage von 1988, wer neuer Landesvorsitzender der CDU in Rheinland-Pfalz werden solle – er, der Ministerpräsident, wie bisher, oder der damalige Fraktionsvorsitzende Hans Otto Wilhelm – gab es natürlich auch Abgeordnete, die mit Hans Otto Wilhelm die Trennung der Ämter des Ministerpräsidenten und des Landesvorsitzenden befürworteten.

Leider sind die Nachwirkungen dieses Konflikts in der Landespartei bis heute noch nicht restlos überwunden, auch wenn so mancher im Nachhinein klüger geworden ist.

Der Fraktionsvorsitzende

Er kam aus kleinen Verhältnissen und hat das nie vergessen, als er sich zu einer der eindrucksvollsten Gestalten der Landespolitik in den siebziger und achtziger Jahren entwickelt hatte. Er war inzwischen als Autodidakt hochgebildet, hatte eine fast unersättliche Neugier nach Neuem und Interessantem. Sein Gedächtnis war phantastisch. Er hatte eine fabelhafte Auffassungsgabe, und im Gespräch dachte er fast immer schon ein Stück weiter als sein Gesprächspartner. Im Landtag kam seine brillante Rhetorik zum Tragen: er war, wie das alle empfanden, ein rednerisches Naturtalent. Den politischen Gegner hat er beherrscht, wie er wollte.

Seiner Auseinandersetzung mit Bernhard Vogel lag – nicht wie viele das sahen – etwa blankes Machtstreben, sondern vor allem eine Konzeption zugrunde: er wollte die Personalunion zwischen Ministerpräsident und Landesvorsitzendem auflösen und die Ämter auf zwei Personen verteilt wissen. Dies hielt er für erforderlich in einer Zeit der Koalitionsregierung. Denn natürlich lag die Erfahrung vor, dass der Landesvorsitzende Vogel sich immer nur so geäußert hat, wie sich der Ministerpräsident Vogel mit Rücksicht auf seinen Koalitionspartner FDP äußern konnte. Hier bestand aber die Gefahr, dass die Partei mit ihrem eigenen Profil sich nicht mehr eigenständig artikulieren und darstellen konnte und schlichtweg zu kurz kam.

Außerdem glaubte Hans Otto Wilhelm ursprünglich auch überhaupt nicht daran, dass er bei der Gegenkandidatur zu Bernhard Vogel eine Chance habe, zu gewinnen. Er hatte sich etwa 30 bis 33 Prozent der Delegiertenstimmen ausgerechnet, das wäre ein Achtungserfolg gewesen, an dem auch spätere Mitkonkurrenten für die Vogel-Nachfolge, wie etwa Georg Gölter oder Rudi Geil, nicht vorbeigekommen wären.

Hans Otto Wilhelm hatte in einigen meist mehrstündigen Gesprächen mit Bernhard Vogel versucht, eine gütliche Einigung zu erreichen – aber das war vergebens. Wilhelm hatte erreichen wollen, dass Bernhard Vogel auf seine Kandidatur als Landesvorsitzender verzichtete, so dass es auf dem Parteitag um dieses Amt zu einem echten Kandidatenwettbewerb zwischen Geil, Gölter und Wilhelm hätte kommen können. Aber das war mit Bernhard Vogel nicht zu machen, dieser hielt die Personalunion zwischen Landesvorsitzendem und Ministerpräsidenten für unerlässlich.

Schließlich hat sich dann schon in der letzten Woche vor dem Parteitag abgezeichnet, dass der Unmut über Bernhard Vogel an der Parteibasis so groß war, dass sogar mit einem Sieg Wilhelms gerechnet werden konnte.

Man warf Bernhard Vogel vor, dass er nach der letzten Landtagswahl, in der die CDU weit über sechs Prozent der Stimmen verloren hatte, als die Schuldigen die Kreisvorsitzenden ausgemacht habe – und dies nach einem Wahlkampf, in dem ausschließlich und allein Bernhard Vogel als Spitzenkandidat (es wurden z. B. nur seine Plakate geklebt) herausgestellt worden war. Außerdem hat man ihm verübelt, dass er fast eineinhalb Jahre nach der Landtagswahl hatte verstreichen lassen, bis es auf einem Parteitag zu einer Aufarbeitung der Niederlage hatte kommen können.

Jedenfalls konnte kurz vor Beginn des Parteitages im November 1988 in Koblenz mit einem Kopf-an-Kopf-Rennen zwischen Vogel und Wilhelm gerechnet werden. Hans Otto Wilhelm hat dann aber sehr klar, um nicht zu sagen erdrutschartig, gewonnen.

Aber es war ein Pyrrhussieg. Die in der Minderheit gebliebenen Gegner Wilhelms haben die getroffene Entscheidung nicht ertragen und nicht hingenommen. Sie haben so lange – vor allem in der Presse – gegen den neuen Landesvorsitzenden gearbeitet, bis dieser nach der anschließend verlorenen Landtagswahl, auch auf den „sanften“ Druck des Bundesvorsitzenden hin, auf sein Amt verzichtet hat.

Gewiss hatte bei alledem auch Wilhelm Fehler gemacht, seine Freunde hatten Fehler gemacht – das soll im Einzelnen jetzt nicht dargestellt werden – aber man konnte doch der Überzeugung sein, dass hier ein großes politisches Talent, nicht zu sagen ein kongenialer Mann der Partei, systematisch beschädigt wurde, nur weil dessen Erfolg den Parteioberen nicht gepasst hat.

Die Bundestagsabgeordneten

Es waren fünf Bundestagsabgeordnete, vier Männer und eine Frau, die jetzt hier betrachtet werden sollen.

Der Älteste von ihnen war Abgeordneter des Eifelwahlkreises. Von Beruf war er Beamter der Landwirtschaftsverwaltung. Er war einmal sogar zwei Monate vor dem Ende einer Legislaturperiode aus dem Deutschen Bundestag ausgeschieden, nur damit man ihn zum Regierungsdirektor hatte befördern können. Dabei war er schon wieder als Kandidat für die nächste Legislaturperiode aufgestellt gewesen und wurde dann als Abgeordneter auch wiedergewählt.

Der Bezirksvorsitzende der CDU hat anschließend in einem quälenden Prozess, der Behutsamkeit und Rücksicht gewährleisten sollte, dessen Ablösung betrieben. Dazu gehörten z. B. stundenlange nikodemische Nachtgespräche.

Der Bezirksvorsitzende und einer seiner Stellvertreter waren an einem Sonntag an der Mosel auf den Namen eines möglichen Nachfolgers dieses Bundestagsabgeordneten gekommen. Dabei hatten Sie sich an die eindrucksvolle Intervention eines für beide neuen Mannes erinnert, der bei einem Bezirksparteitag in Konz von seinen außenpolitischen Aktivitäten, unter anderem auch als Mitglied des Seminars Kissinger in den Vereinigten Staaten, berichtet hatte. Beide Gesprächspartner und Vertraute waren der Meinung, dass dies der richtige Mann sei.

Dieser Mann, der dann tatsächlich neuer Bundestagsabgeordneter des Eifelwahlkreises geworden ist, war eine hervorragende Persönlichkeit. Er war vorher im auswärtigen Dienst tätig, dabei u. a. an der Deutschen Botschaft in Moskau und beim Deutschen Generalkonsulat in Marseille. Aus Moskau war er als persona non grata im Zusammenhang und im Gegenzug zu einer Ausweisung sowjetischer Spione aus Bonn ausgewiesen worden.

Dieser großartige Mann verfügte über eine ausgezeichnete Geistes-, aber auch Herzensbildung. Seine Rede faszinierte und überzeugte. Er war zu jedem Scherz, zu jedem Ulk aufgelegt: einmal sind Parteifreunde des Nachts in Trier ganz ausgelassen mit ihm zu dreien ein ganzes Stück im Gänsemarsch an der Kante des Bürgersteigs mit einem Fuß oben und einem Fuß unten auf der Straße gelaufen und hatten so die Freude der Nachtschwärmer erregt.

Der geistvolle Abgeordnete wurde des Öfteren kritisiert, dass er zu wenig in seinem Wahlkreis präsent sei. Darauf antwortete er: „Ihr habt mich gewählt als Abgeordneten, und das heißt, ich bin von euch abgeordnet worden nach Bonn. Wenn ich aber dort bin, kann ich nicht zugleich hier sein, weil ich noch nicht über die Fähigkeit der Bilokation verfüge."

Noch drei Tage vor seinem frühen Tode hatte ein Landtagskollege mit ihm zusammen an einem Samstag nach einer Sprechstunde in Wittlich zu Mittag gegessen. Er wollte anschließend mit ihm zusammen zu dem Sommerfest des CDU-Landesverbandes nach Kell am See fahren. Aber dann sagte er auf einmal: „Ich glaube, ich will doch noch einmal in meinen Heimatort Gerolstein fahren und fahre nicht nach Kell." Er trug dem Kollegen dann seine Grüße an den Landesvorsitzenden Bernhard Vogel auf. Dienstags darauf war er tot.

Der CDU-Kreisvorsitzende hat seinen früheren Rivalen, der inzwischen schon zu einem guten Kollegen und Freund geworden war, aufgefordert, sich um die Nachfolge des verstorbenen Bundestagsabgeordneten zu bemühen. Es ist noch bekannt, wie dieser damals daraufhin sagte: „Weißt du, daran habe ich noch gar nicht gedacht." Heute ist dieser Kollege und Freund immer noch Bundestagsabgeordneter. Er ist zugleich aber auch der aktuelle Bezirksvorsitzende der Partei und darüber hinaus Bundesvorsitzender der Mittelstandsvereinigung von CDU und CSU. Bei dem Bundesparteitag nach der Wahlniederlage 1998 ist er als eines von sieben Mitgliedern in das Präsidium seiner Bundespartei gewählt worden. Außerdem gehörte er als stellvertretender Vorsitzender zum Vorstand der CDU/CSU-Bundestagsfraktion. In der anschließenden Legislaturperiode verzichtete er zugunsten von Friedrich Merz auf das Amt des Fraktionsvize. Dagegen freut er sich jetzt über das so ganz seinen Neigungen entsprechende Amt des Vorsitzenden des Sportausschusses des Deutschen Bundestages.

In dem anderen Wahlkreis, der am Landkreis Bernkastel-Wittlich Anteil hatte, war lange Jahre eine Frau Bundestagsabgeordnete. Und das war schon etwas Besonderes: denn sie war außerdem auch noch evangelisch in einem Wahlkreis mit überwiegend katholischer Bevölkerung. Der alte katholische Bezirksvorsitzende war besonders stolz auf diese Frau. Er stellte sie immer so vor: „Kriegerwitwe, evangelisch, vom Hunsrück, eine Selbständige, die ihren Beruf eigenständig aufgebaut hat..." Diese Frau war sehr durchsetzungsstark, sie war erfolgreich und wirkte gelegentlich wegen ihrer Härte und Entschlossenheit eher ein wenig maskulin, besonders dann, wenn sie zum Kostüm noch eine Krawatte trug. Sie legte fast immer einen herben Charme an den Tag, den sie selbst sogar noch etwas stilisierte.

Ihr Nachfolger schließlich war ein Landwirt aus dem Landkreis Cochem-Zell. Er verrichtete seine gute Arbeit eher unauffällig, war vor Ort häufig präsent und hat sich damit sehr viel Akzeptanz in der Bevölkerung erworben.

Der Kollege

Er gehört der anderen großen Partei, der SPD, an. In seinem ersten Wahlkampf hatte er seinen Mitbewerber von der CDU scharf angegriffen. Er hatte in einem Flugblatt oder einer Parteizeitung sogar dessen Namen verunstaltet. Aber später, als die beiden sich besser kannten, haben sie sich sehr bald schätzen gelernt.

Er stammt aus dem Landkreis. Er ist ein Selfmademan, der seinen Weg gemacht hat vom Oberkellner in der Schweiz bis hin zum Leiter eines Arbeitsamtes an der Mosel.

In der politischen Arena gab er sich selbstbewusst, robust und sehr direkt. Er ging keinem Streit aus dem Wege. Dabei verfügte er, wie später festzustellen war, über eine außerordentliche Sensibilität und Treue.

Ein Schlüsselerlebnis gibt es aus Moskau zu berichten. Die beiden Abgeordneten aus demselben Wahlkreis waren politische Begleiter des Mainzer Domchores auf dessen Gastspielreise durch die Sowjetunion. Sie waren an einem freien Nachmittag unterwegs in dem Künstlerviertel Arbat, wo Kunst im Freien an kleinen Ständen rechts und links einer langen Straße angeboten wurde. Der SPD-Mann wollte russische Rubel auf dem Schwarzmarkt billig eintauschen. Er hatte das aber noch nicht gemacht, deshalb sollte sein CDU-Kollege es für ihn tun.

Dieser tauschte bei einem jungen Mann, der ihn zuerst darauf angesprochen hatte, hundert D-Mark gegen russische Rubel ein und vollzog dann mit seinem Kollegen die Transaktion. Plötzlich aber wurde der CDU-Vertreter von einem jüngeren Mann in Zivil angesprochen und aufgefordert, ihm zu folgen. Als der deutsche Abgeordnete zunächst zögerte, erschienen im Hintergrund sogleich drei uniformierte Polizisten und ließen den Ernst der Lage erkennen. Der CDU-Mann folgte den russischen Männern, aber gleichzeitig schlossen sich wie selbstverständlich sein Kollege sowie ein Journalist und ein Abgeordneter der Grünen, die sich ebenfalls noch in der Besichtigungsgruppe befanden, ihm an und wichen nicht mehr von seiner Seite. Der langen Rede kurzer Sinn: Eine Straßenecke weiter wurde die kleine deutsche Parlamentariergruppe und der Journalist in ein großes schmutziges Gebäude geführt. Es war die Kommandantur der Polizei. Dorthin hatte man bereits, wie man noch sehen konnte, auch den junge Russen gebracht, der auf der Straße angeboten hatte, Geld zu tauschen.

Zuerst mussten die Deutschen eine Weile warten, bis der Dolmetscher eingetroffen war, und dann begann das Verhör, das sich ausschließlich auf den CDU-Abgeordneten bezog. Der musste vorne am Tisch sitzen, während seine drei Begleiter weiter hinten im Saal auf einer Bank Platz genommen hatten. Das ganze Verhör bezog sich auf den Punkt, dass der Abgeordnete bezeugen sollte, dass der junge Mann ihn angesprochen und zum Geldtausch animiert hätte. Genau das aber wollte der Verhörte um des jungen Mannes willen nicht bezeugen und hat deshalb immer wieder geleugnet. Das ging eine ganze Weile hin und her, dann gab es wieder Unterbrechungen – und das Ganze zog sich über Stunden hin.

Der inkriminierte Parlamentarier wollte die drei, die da treu und brav in dem Saal sitzen geblieben waren, mehrmals zurück ins Hotel schicken, aber diese empfanden das fast als eine Beleidigung und wichen nicht von der Stelle. Und sein SPD-Kollege erklärte kategorisch: „Entweder wir gehen hier alle zusammen hinaus, oder keiner!"

Schließlich wurde der junge Russe in den Saal geführt, er lächelte seinen „Geschäftspartner" an und nickte ihm zu, was diesen gleich verwunderte – bis sich dann herausgestellt hat, dass der junge Mann längst beim Verhör in einem anderen Raum sein Fehlverhalten eingestanden hatte, während sein Geldtausch-Partner noch hartnäckig leugnete, ihn überhaupt zu kennen. Schließlich löste sich das Ganze auf: das Geld wurde zurückgetauscht, der junge Mann wurde verhaftet, und die deutsche Gruppe konnte gehen.

Dem CDU-Abgeordneten fiel es anschließend sehr schwer, zu beschreiben, wie dankbar er nach diesen über viereinhalb Stunden seinen drei Kollegen und Freunden war, die sich nicht von seiner Seite bewegt hatten.

Sie sind dann alle zusammen zum Abendessen in ein Hotel in Moskau gegangen und haben zweierlei beschlossen: zum einen wollten sie über diesen Vorgang damals schweigen gegenüber jedermann und zum anderen wollten sie sich einmal in jedem Jahr zur Erinnerung an dieses Erlebnis, das sie so etwas wie zusammengeschweißt hatte, zu einem gemeinsamen Abendessen treffen.

Sie haben das dann jahrelang so gehalten.

Die Landrätin

Sie wollte die erste Landrätin in Rheinland-Pfalz werden, sie stammte auch selbst aus dem Landkreis, den sie dann leiten sollte, aber die Führung von Partei und Fraktion, wollten sie ursprünglich gar nicht haben. Sie hatten für einen Bewerber aus Hessen votiert, der ihnen geeigneter erschien.

Aber der alte Landrat und die Basis von Fraktion und Partei haben sich hier zugunsten der Frau durchgesetzt. Dabei war es das erste Mal, dass der Vorsitzende der Kreistagsfraktion eine Mehrheit gegen sich hatte.

Beruflich war sie als ausgebildete Juristin zuerst an der Bezirksregierung in Trier, dann bei der Kreisverwaltung in Wittlich, anschließend als Frauenbeauftragte in der Stadtverwaltung Frankfurt am Main und zuletzt als

Referentin in der Staatskanzlei der rheinland-pfälzischen Landesregierung tätig.

Nachdem die fraktionsinterne Mehrheitsentscheidung getroffen worden war, haben natürlich alle Mitglieder der Fraktion, einschließlich der Führungsspitze, die Frau geschlossen und einstimmig im Kreistag zur Landrätin gewählt.

Die anschließende Zusammenarbeit zwischen Fraktion und der neuen Landrätin war ausgezeichnet.

Sie führte und führt ihren Dienst mit viel Erfolg und Zustimmung aus, und sie kann sich auf große Sympathien in der Bevölkerung stützen. Inzwischen ist sie mit über 80 Prozent der Stimmen von den Bürgerinnen und Bürgern direkt für eine zweite Amtsperiode gewählt worden.

Die Landesvorsitzenden

Von zwei Landesvorsitzenden der CDU Rheinland-Pfalz, von Bernhard Vogel und Hans Otto Wilhelm, war bereits die Rede. Drei weitere sollen noch kurz charakterisiert werden.

Der eine wurde Nachfolger von Hans Otto Wilhelm. Sein Gastspiel als Vorsitzender des Landesverbandes war nur von kurzer Dauer. Er war vorher erfolgreicher Weinbau- und Landwirtschaftsminister. Heute ist er ein wirkungsvoller Europa-Abgeordneter.

Der ihm folgende Landesvorsitzende war zuvor bereits lange Jahre Bundestagsabgeordneter in Bonn. Er hat die in seiner kurzen Zeit liegende Landtagswahl punktgenau mit demselben Ergebnis verloren wie vier Jahre vorher Hans Otto Wilhelm. Nach der verlorenen Wahl ging er als Beauftragter der Konrad-Adenauer-Stiftung nach Israel.

Sein Nachfolger wiederum, der jetzt aktuelle Landesvorsitzende, ist der mit Abstand Jüngste von allen. Er stammt aus dem Regierungsbezirk Trier und dem dortigen Bezirksverband der Partei.

Er ist souverän, intellektuell und hochgebildet. Er kennt seit Jahren bereits bundesweit die jüngere Führungsgeneration der Union in Deutschland – nicht zuletzt, weil er mehrere Jahre Bundesvorsitzender der Jungen Union gewesen war.

Er leitet die Grundwerte-Kommission der Bundespartei in Berlin.

Bei der ersten Landtagswahl, die er zu verantworten hatte, ist die CDU stark ins Hintertreffen geraten und gescheitert. Aber er ließ sich nicht entmutigen und arbeitete zielstrebig weiter.

Inzwischen hat ihn der Bundesparteitag zu einem der vier stellvertretenden Bundesvorsitzenden gewählt.

Der Jahrhundertvertrag

Im Vorfeld der Landtagswahlen im Frühjahr 1987 zeichneten sich hohe Verluste der CDU in Rheinland-Pfalz ab, vor allem Bauern und Winzer waren unzufrieden und wandten sich von der bisherigen Regierungspartei ab.

Da suchte Bernhard Vogel nach einem letzten Ausweg, der schon wie ein Ausweg der Verzweiflung aussah: Er wollte spektakulär einen „Jahrhundertvertrag" für Landwirtschaft und Weinbau auf den Weg bringen. Dazu lud er zehn Tage vor der Landtagswahl sämtliche der Union angehörigen Ministerpräsidenten nach Trier in das Europa-Parkhotel ein.

Ziel der Initiative des „Jahrhundertvertrags" sollte für Landwirte und Winzer dauerhaft der Schutz, die Sicherung, die Garantie und die Förderung der Agrarwirtschaft sein.

Alle Ministerpräsidenten der Union kamen: darunter auch Franz Josef Strauß, Uwe Barschel und Lothar Späth. Mit eingeladen war das Präsidium des Bezirksverbandes der CDU, waren die Landtagsabgeordneten und -kandidaten sowie die Vertreter von Landwirtschaft und Weinbau aus ganz Rheinland-Pfalz, insbesondere aus dem Regierungsbezirk Trier. Der Inhalt der Diskussion sowie die Regelung des Jahrhundertvertrags im Einzelnen sind heute relativ uninteressant.

Was sich aber so am Rande ereignete, ist vielleicht doch bemerkenswert:

Da war zum Beispiel Uwe Barschel. Er meldete sich nicht zu Wort und musste an diesem Nachmittag früher nach Schleswig-Holstein zurückreisen. Dabei ereignete sich bei der Landung seines Flugzeuges, jener Unfall, der ihn anschließend an Krücken und dann am Stock gehen ließ.

Oder das „Erlebnis Lothar Späth“:

Die Ministerpräsidenten sind an jenem Abend im Anschluss an die Sitzung über den Jahrhundertvertrag im Bezirk Trier „ausgeschwärmt“, um in den größeren Städten und Orten Abendveranstaltungen der CDU durchzuführen. Dem Kreisvorsitzenden hatte man für den Landkreis Bernkastel-Wittlich Lothar Späth zugeteilt für eine Veranstaltung in Kröv. Schauplatz war dort die Festhalle, die vom Volksmund „Sauftempel“ oder „Palazzo Protzi“ genannt wurde. Die Halle war brechend voll.

Die Kröver sind „ein besonderes Völkchen“: derb und direkt, aber herzlich und außerordentlichen gastfreundlich.

Lothar Späth kam bei diesem Publikum hervorragend an. Er gebrauchte seine faszinierend bildhafte Sprache: er redete vom „sozialen Netz“, in dem viel zu viele schaukelten, während zu wenige auf dem Trapez oder in der Arena noch ihre Artistenleistungen erbringen würden. Er sprach davon, dass den Landwirten und Winzern ein eigenes, gesondertes Honorar für ihre (bislang kostenlos erbrachten) Leistungen in der Landschaftspflege gezahlt werden müsse – oder aber es sei nötig, von den Großstädtern bei ihrem Besuch der Natur und Landschaft hier in der Provinz Eintrittsgeld zu verlangen. Der Beifall wollte kaum enden.

Nach dem Schluss der Veranstaltung mischte sich Lothar Späth unter die Leute: er begrüßte den Chor und die Kapelle, die bei der Veranstaltung ihre Beiträge geliefert hatten, er stellte sich an den Weinstand und unterhielt sich mit den einfachen Männern und Frauen des „Kröver Reiches". Das war so ganz nach dem Geschmack der Menschen hier und so ganz anders, als bei dem Besuch von Helmut Kohl ein paar Wochen vorher. Denn dieser war nach seiner Rede damals geradewegs an Chor und Kapelle vorbeigestürmt, ohne sich zu bedanken und hatte schnellen Schrittes die Halle verlassen, ohne noch ein paar Worte mit den Leuten zu wechseln, was man ihm sehr verübelt hatte.

Bürgermeister Paul Schnitzius sagte danach jedem, der es hören wollte: „Mit Lothar Späth – das war die beste Veranstaltung, die wir je in Kröv gehabt haben!"
Und er sprach damit jedem Kröver aus dem Herzen.

Die Bundesversammlungen der Jahre 1989 und 1994

Hier sollen nur Impressionen, flüchtige Eindrücke, zumal auch noch sehr persönliche, festgehalten werden.

Die Bundesversammlung von 1989 fand in der Beethovenhalle in Bonn statt. Einladende und Vorsitzende war die Bundestagspräsidentin Frau Professor Dr. Rita Süssmuth. Es hat einen gewissen Erinnerungswert, wie sie bei ihrem Eintreffen mit hoheitlichem Charme durch die Lobby eilte: Sie sah aus, perfekt abgezirkelt, wie eine „gewürfelte Fünf" – vor ihr zwei Sicherheitsbeamte, hinter ihr zwei Sicherheitsbeamte und im diagonalen Schnittpunkt in der Mitte: Frau Prof. Dr. Rita Süssmuth!

Ganz anders das Auftreten von Frau von Weizsäcker, der Frau des amtierenden Bundespräsidenten, der auch jetzt wieder zur Wahl stand: diese wartete zum Beispiel in einer langen Schlange vor dem provisorischen Postamt in der Vorhalle, um sich so wie alle anderen die Sonderbriefmarken, die aus Anlass der Bundesversammlung erschienen waren, zu kaufen. Und sie begann sehr gern mit ihr unbekannten Delegierten in der Wartezeit ein kleines Gespräch über Gott und die Welt.

In der Versammlung selbst hinterließ die lange, spannende Rede, die der gerade mit überwältigender Mehrheit wiedergewählte Bundespräsident Richard von Weizsäcker anschließend hielt, den stärksten Eindruck.

Die Bundesversammlung von 1994 fand in Berlin im Reichstag statt. Hier präsidierte Rita Süssmuth ebenfalls.

Schon am Vorabend waren sämtliche Delegierten der Unionsparteien in das ehemalige Kronprinzen-Palais eingeladen worden, wo man sich in den wunderschönen Park- und Gartenanlagen des Palais ausgiebig ergehen konnte.

Helmut Kohl stieß an diesem Abend ziemlich bald zu „seinen“ rheinland-pfälzischen Delegierten – von hinten kommend schlug er mit der Hand auf die Schulter des gerade vor ihm Stehenden, stellte sich neben ihn in den Kreis und sprach sofort in seiner berüchtigt frotzelnden Art dem im Kreis mit anwesenden Christoph Böhr, der ein Glas in der Hand hielt, jegliche Kenntnis des Weines ab. So hatte er es auch früher schon bei jeder Gelegenheit mit seinem damaligen Weinbauminister Otto Meyer gemacht!

Der Kandidat der Union Roman Herzog lief dabei in seinem hellen Sommeranzug eher etwas verloren durch die Reihen der sich angeregt unterhaltenden Delegierten. Er schien es als seine Pflicht anzusehen, sich allen Leuten zu zeigen und sie nach Möglichkeit mit einem kurzen Händedruck zu begrüßen.

Aber diese Rolle gefiel ihm offenbar nicht: er machte dabei ein eher etwas missmutiges Gesicht.

Der nächste Tag brachte die Wahl im Reichstag. Da waren die unvermeidlichen Prozeduren, Rituale – mehrere Wahlgänge waren erforderlich zwischen den beiden Kandidaten Roman Herzog und Johannes Rau. Und dazwischen gab es dann immer wieder getrennte „Fraktionssitzungen". Man konnte dabei auch zum Beispiel prominente Schauspieler, die als Mitglieder der Bundesversammlung nominiert worden waren, sehen und sprechen.

Es war möglich, in den vielen Stunden der Dauer der Bundesversammlung viele interessante Gespräche zu führen, unter anderem etwa mit Lothar Späth, mit dem damaligen thüringischen CDU-Fraktionsvorsitzenden im Landtag Schwäblein, mit Theo Zwanziger und weiteren – so, wie es sich gerade ergab.

Immer wieder sah man die junge Frau von Johannes Rau, wie sie mit ihren beiden kleinen Kindern meist ganz allein in der Lobby oder im Treppenhaus umherlief – es fiel auf, wie sie, eher schüchtern, mit ganz offener Herzlichkeit grüßte, wenn sie spürte, dass man sie ansah.

Die freie Rede des dann gewählten Roman Herzog wirkte – im Gegensatz zu der des Richard von Weizsäcker fünf Jahre vorher – eher hölzern, sehr knapp und fast formal. Aber man spürte doch eine ganz andere Art von gewichtigem Format.

Unmittelbar nach der Versammlung gab es im Foyer das Ständchen einer Kapelle. Man konnte beobachten, wie die Frau des neugewählten Bundespräsidenten ihren Mann am Rockzipfel ganz entschlossen an die richtige Stelle in der ersten Reihe der Zuhörer zupfte.

Die Sprechblüten der Politiker

Sie entstanden in Sitzungen der Fraktion und des Landtages. Sie enthalten sprachlich Geglücktes, Verunglücktes, Verrücktes ...

Auf unfreiwillig Pornographisches – obwohl es das in Hülle und Fülle auch gab – wird dabei ebenso verzichtet wie auf politisch Werthaltiges. Selbst die Personen sind dabei weniger wichtig als das, was sie gesagt haben. Auf die Sprache kommt es an.

Es soll das, was eine und dieselbe Person gesagt hat, aus Gründen der Gliederung zusammengefasst werden.

Die eindeutig größte Zahl der originellen Formulierungen hat zweifellos der frühere Innenminister **Kurt Böckmann** zustande gebracht. So gab er vor der Fraktion einen Bericht über eine Geiselnahme in Koblenz in der vorangegangenen Nacht.

Er war selbst am Tatort und war noch deutlich gezeichnet von den Spuren der durchwachten Nacht.

Er sagte: „Ich rede jetzt mit großem Respekt von einer Frau, die heute Nacht heroische Taten vollbracht hat – sie hat hervorragend mit der Polizei zusammengespielt.“ (Die Frau hatte telefonisch den Kontakt zu den Tätern aufrechterhalten).

Nachdem ein Pfarrer eingetroffen war, der jetzt die Verbindung zu den Geiselnehmern fortführen sollte – erklärte Böckmann weiter: „Ich habe dann gesagt: ‚Herr Dechant, treten Sie jetzt an die Stelle der Frau im Verkehr mit der rheinland-pfälzischen Polizei!‘ “

Der Innenminister fühlte sich in der Diskussion bedrängt, die Maßnahmen gegen die Geiselnahme waren schiefgegangen, die Polizei hatte nicht gerade ein Glanzstück abgeliefert...

Er sagte: „Wir haben in Erkenntnis des Standes heute Nacht gehandelt!“ – Die Geiselnehmer hatten auch ein Polizeifahrzeug gekidnappt – Böckmann beschwichtigte: „Bei dem Polizeifahrzeug waren wir bis zuletzt immer dran!“

Schließlich fuhr der Minister fort: „Dann wurde noch ein Postbeamter als Geisel genommen, der gerade mit der Frühzustellung begriffen war.“

Des Weiteren ist aus einem frühen Stadium der Koblenzer Geiselnahme der Satz des Regierungspräsidenten Korbach überliefert: „Wir sind mit unserem Latein am Ende. Wir brauchen jetzt einen Minister!"

In einer arbeitspolitischen Debatte der Fraktion rief Kurt Böckmann: „Bei der Forderung nach der 35-Stunden-Woche mit vollem Lohnausgleich ist es absurd, den Arbeitslosen fünf Stunden abzutreten, aber den Lohn dafür in die eigene Tasche zu stecken!"

Bei einem Hochwasser hatte ein Unternehmer sofort mit dem Ministerpräsidenten telefoniert – da äußerte sich Böckmann in der Fraktion wie folgt: „Wenn ein Unternehmer nachts den MP angerufen hat, dann hätte er auch sonst jemand anrufen können!"

Dann im selben Zusammenhang: „Die Lage wird dort um so komplizierter, je weniger mit dem Eintritt von Hochwasser gerechnet werden kann".

In der Fragestunde des Landtages beurteilt Kurt Böckmann ein Meßgerät der Polizei mit folgendem Satz: „Das Gerät ist dann nicht in Ordnung, wenn die Kabel defekt sind."

Dann erklärt er souverän: „Die Entwicklungen in der EKD sind sehr rasant!" Er meint damit die Fortschritte in der Datenverarbeitung – und so fährt er denn auch fort: „Wir sind froh, dass wir ein Angebot an evangelischer Datenverarbeitung neu anbieten können."

Bei den aufsehenerregenden Vorgängen um den so genannten Mainzer Kessel, in dem die Polizei zur Gewalt neigende Demonstranten stundenlang isoliert und festgehalten hatte, berichtete Kurt Böckmann in der Fraktion unter anderem mit folgenden Aussagen: „Dass der Bus ein einziges Urinal war, stimmt auch nicht – er war ein einziger Aschenbecher! Auch das haben wir überprüft."

„Bei den Waffen, die gefunden worden sind, kann man im Nachhinein fragen: ‚Hätt's nicht ein bisschen mehr sein können?' "

„Gut, da sinn noch ä paar Dappesse mitgeloffe – ich weiß auch, warum. Die haben gesagt: ‚Do hinne kommen die lahme Kommunisten – kumm mer rennen mit denne!' "

„Do hawen vier gesagt, ‚mir missen mol', und dann hatte der Beamte sie abgeführt, und do hawen se awer nit gemusst – und dann hat er gesagt: ‚Nein, jetzt is Schluss!' – unn er hat keinen mehr rausgelasse!"

Einmal, bei einer Klausurtagung der Fraktion in Konz, hat sich Kurt Böckmann beim Thema „Nachdiplomierung" der FH-Leute so richtig in Rage geredet. Er schrie: „Das kann man ja alles machen: Diplom-Rentner, Diplom-Gastwirt, Diplom-Wächter, Diplom-(Götz von Berlichingen), Diplom-Autodidakt usw…"

In Redebeiträgen im Landtag fielen die Sätze Kurt Böckmanns: „Man könnte das unterschwellig sagen, und oder lassen Sie es mich doch oberschwellig sagen!“

... und dann zur SPD gewandt: „Ich komme noch auf Sie zu! Es gibt noch einen zweiten Punkt – das ist genau der Punkt, wo ich Sie packen muss!“

... und schließlich zu einem Zwischenrufer der SPD : „Das müssen Sie schon mir überlassen, was ich übertreibe!“

Im Plenum rief Kurt Böckmann der SPD zu: „Wenn Sie glauben, das Leben würde letztlich ohne einen Rest enden, dann sagen sie das!“

... und etwas später in derselben Debatte: „Und dann springen Sie über den Schatten und bauen da keine Hürden mehr auf, wo ich persönlich keine sehe!“

Die Reihe der Böckmann-Zitate soll beschlossen werden mit einem ganz kurzen Dialog in der Fraktion:

Ministerpräsident Dr. Vogel fragte Kurt Böckmann: „Herr Minister, was willst du denn jetzt?“

Darauf Kurt Böckmann: „Ich will nur wissen, was ich sagen soll – sonst nichts!“

Der allseits geschätzte SPD-Kollege **Detlef Bojak** wurde bei einer Landtagsdebatte einmal von einem Zwischenrufer gefragt, ob er den ersten Satz der Landesverfassung kenne. Detlev Bojak antwortete: „Ich bin ein Mensch, der wenig mit Dingen zu tun hat, die man sich eigentlich merken sollte.“

Ein anderes Mal klagte der Abgeordnete: „Gute Sitten werden der Verderbnis anheimgegeben.“

Detlev Bojak war auch an einer Landtagsdebatte über Bodendenkmäler und geschichtliche Überreste beteiligt. In dieser Debatte hatte sich vorher schon der Kollege Hans Dieter Busch mit folgenden Aussagen zu Wort gemeldet: „Der Archäologe grub in der Kirche, stieß auf eine Kiste, und siehe da, er fand die Knochen des Heiligen und seiner Frau!“ Und dann – mit tadelndem Unterton: „Sonntags sind die Spaziergänger unterwegs und klappern die Gegend mit hoch empfindlichen Geräten ab.“ Da schaltete sich Detlev Bojak ein mit folgender Aussage: „Der Kollege Koggel (aus Kobern-Gondorf) hat auch auf merkwürdige Weise seinen Heiligen verloren, er ging nach Trier, und dort hat man ihn allmählich wieder zusammengesetzt!“

Der Kollege Koggel antwortete darauf: „Das war schon der zweite Diebstahl – uns hatte man schon einmal einen halben Heiligen geklaut….“ und auf eine Zwischenfrage: „Welche Hälfte?“ sagt Koggel: „Zweite Hälfte, viertes Jahrhundert!“

Von dem ehemaligen rheinland-pfälzischen Finanzminister **Johann Wilhelm Gaddum** ist aus einer Fraktionssitzung der Satz überliefert: „....Getreu dem alten Grundsatz, dass die Niederlage in einer harten Konkurrenz ehrenwerter ist als der erste Platz beim gemeinsamen Spaziergang."

Rudi Geil, ebenfalls ein ehemaliger Innenminister, rief nach der Forderung, Maßnahmen zum Maßregelvollzug noch zu einem Tagesordnungspunkt im Plenum zu machen, etwas hilflos in den Fraktionssaal: „Kriegen wir das noch hin?" Darauf antwortete seine Staatssekretärin Frau Herr-Beck: „Für eine Rede reicht's noch!"

Auch **Dr. Georg Gölter** war als ehemaliger Minister und Abgeordneter gut für bemerkenswerte Formulierungen. So sagte er zum Beispiel zum Thema Meldung von abgeschlossenen Lehrverträgen über den Computer: „Das ist nur eine Frage der Bereitschaft und des Fütterns, und dann kommt hinten einmal raus, was übriggeblieben ist."

Oder Gölter erklärt zur Beschäftigungslage im öffentlichen Dienst: „Von den gut 30.000 Lehrern in Rheinland-Pfalz sind 8.000 in Teilzeit. Von den rund 80.000 Landesbediensteten sind 18.000 als Verheiratete im öffentlichen Dienst tätig!"

In einer etwas ausweglosen Situation während einer Fraktionssitzung rief Georg Gölter dem Direktor beim Landtag zu: „Ja, Herr Becker, Sie heben die Hand hoch. Was machen wir?"

In einer anderen Fraktionssitzung kam Gölters Satz: „In der Universitätsklinik wurden Kunden schon mit Bußen belegt", – einigen Lästermäulern gerade recht.

In der Diskussion über den Pflegenotstand wusste Georg Gölter die Lösung: „Der einzige Ausweg: die Philippinen!"

Schließlich sein Selbsteingeständnis: „Ich bin gar nicht so klug, wie ich manchmal guck."

Selbstbewusst und philosophisch – auch im Angriff auf den politischen Gegner – platzierte **Heinrich Holkenbrink** seine bemerkenswerten Formulierungen. So beschied er zum Beispiel einen Kollegen im Landtag bei der Beantwortung einer mündlichen Anfrage: „Sie können mir doch wohl nicht vorschreiben wollen, was ich zu Ihnen zu sagen habe, wenn Sie mich ansprechen!"

Oder er entgegnete einem Kritiker: „Man kann ja auch nicht alles an einem Tage denken, was man weiß."

Heinrich Holkenbrink liebte Wortspiele, wenn sie geeignet waren, sein Selbstbewusstsein zu stärken – so erklärte er: „Ich sag das so, wie ich das meine, und ich meine das so, wie ich das sage!"

Er schrieb in einer Plenarsitzung des Landtages seinem politischen Gegner Rudolf Scharping ins Stammbuch: „Leute, die sich selbst für besonders klug halten, geraten schnell in die Gefahr, die anderen für dumm zu halten. Nur, die anderen werden nicht so dumm sein, so dumm zu sein, wie sie für dumm gehalten werden!“

Dem Kollegen und Parlamentsveteranen **Gerhard Kneib** gelang in einer heftigen Fraktionsdebatte der Satz: „Das wäre erstens nicht richtig und zweitens wäre es falsch!“

Auch der FDP-Kollege **Helmuth Konrad,** ein Landwirt aus dem Hunsrück, steuerte in Landtagssitzungen seine meist unfreiwilligen Sprüche bei. So rief er einmal zu Beginn einer Plenarsitzung, noch ziemlich unausgeschlafen, in den Saal: „Ich bin noch ein echter Bauer. Ich muss morgens noch früh aufstehen und die Kühe und die Schweine melken.“

Oder er klagte einmal bei einer Gesetzesberatung: „Nur durch die Hinzufügung einer Ziffer soll ein Zustand verändert werden. Dadurch ändert sich die Lage der Bauern nicht.“

In der Debatte über den Warenverkauf durch Bauern am Wochenende erklärte Helmuth Konrad: „Die Natur kennt keine Sonn- und Feiertage, und wenn bei der Ernte dann der Verkauf hintendransteht, kann man das nur begrüßen.“

Außerordentlich ergiebig in bemerkenswerten Formulierungen war auch der frühere Fraktionsvorsitzende **Emil Wolfgang Keller.** So brachte er allein in einem einzigen Gespräch mit Vertretern der Verwaltungsfachhochschule folgende Aussagen zustande:
„Wo wir stehen, ist immer vorn!"
„Kommission ist immer gut."
„Tragen Sie Ihre Anliegen doch einmal der FDP vor!"
„Versprechen kann ich Ihnen gar nichts – wir haben doch keine Wahlen, kommen Sie in vier Jahren noch einmal!"
„Was hat es für einen Sinn, wenn ich Ihnen heute eine Tendenz sage, dann halte ich mich doch nicht dran!"
„Solche Fragen, ob einer mit A 15 oder ein anderer mit A 12 in gleicher Funktion zu viel oder zu wenig verdiene, sollten Sie besser nicht stellen, denn es besteht dabei immer die Gefahr, dass diese Fragen für Sie nachteilig beantwortet werden!"

Zum Verhältnis mit der FDP äußerte sich Emil Wolfgang Keller wie folgt: „Es ist das eines geschätzten, aber irrenden Bruders oder Brüderles, zumal der Ministerpräsident (gemeint war Bernhard Vogel) mit irrenden Brüdern Erfahrung hat."

Bei der Suche nach einem geeigneten Hotel oder einer geeigneten Gaststätte für eine Fraktionsklausur sagte Emil Wolfgang Keller zu einem entsprechenden Vorschlag eines Kollegen: „Ein Pilzrestaurant, aus dem ständig die Leichen herausgetragen werden, – da geht doch keiner mehr rein!"

In einer Fragestunde der Fraktion erklärte Emil Wolfgang Keller einem unserer Kollegen: „Ich habe zwar nicht die Frage in die Hand bekommen, wohl aber die Antwort.“

Schließlich noch ein kurzer Dialog zwischen Elvira Bickel und Emil Wolfgang Keller: „Irgendwo müsse mer auch noch e bissel Ehrlichkeit hawe!“ – „Awer nit so viel!“

Sehr sparsam war unser von allen geschätzter Kollege **Michael Kutscheid** mit bemerkenswerten Formulierungen. Aber eine ist ihm dann doch gelungenen bei der Debatte über die Diätenregelung, deren Bestimmungen er wie kein Zweiter kannte. Und so informierte er die Kollegen mit folgendem Satz: „Wenn einer im Dezember nicht mehr lebt, ist er zu behandeln wie ein Ruhestandsbeamter.“

Der schon einmal in anderem Zusammenhang erwähnte **Hans Josef Koggel** prägte bei einer Gesetzesberatung im Zusammenhang mit der Wald-Definition im Forstgesetz den Satz: „Wo kein Wald mehr ist, ist trotzdem noch Wald, weil da mal Wald war.“

Der frühere SPD-Landtagsabgeordnete **Julius Lehlbach** sprach während seiner Rede im Plenum den CDU-Kollegen an, der vor ihm gesprochen hatte und sagte: „So und jetzt komme ich zu Ihnen, Herr Kollege Dr. Schmidt!“ Dr. Schmidt machte daraufhin den Zwischenruf: „Ach so einer sind Sie!“

Walter Mallmann formulierte in seinem Bericht über eine Reise nach Ruanda vor der Fraktion: „...Das ist das Geschenk, das die rheinland-pfälzischen Bürger unserem Ministerpräsidenten zum Geburtstagsgeschenk gemacht haben: ein Heim für Alte, Blinde und Krüppel.“

Der frühere Weinbauminister **Otto Meyer** fasste das Ergebnis einer längeren Fraktionsdebatte über ein Gesetzesvorhaben mit einem Satz zusammen: „Da ist ja im Gesetzentwurf nur das Jahr 1984 durch 1985 zu ersetzen – das kann nicht so lange dauern!“

Der Landtagskollege und Unternehmer **Lambert Mohr** war immer gut für einen treffenden Spruch – vor allem, wenn es um die Finanzen ging. So formulierte er zum Beispiel einmal im Haushalts- und Finanzausschuss: „Mit Geld geht alles leichter, der goldene Esel stürmt jede Burg.“

Oder er wehrte sich ein anderes Mal gegen Übertreibungen mit folgendem Satz: „Ich habe nie gerne überzogene Dinge. Ich bin ein Mann der Mitte.“

Er wies bei einer Fraktionsdebatte über die Krise um Grenada Rudi Geil zurecht mit der Bemerkung: „Also, Herr Sozialminister, Sozialpolitik ist eine Sache –, und Weltpolitik eine andere!“

Aus den 70er-Jahren wird berichtet: Es ging bei einer Plenardebatte um die Schließung des Amtsgerichts in Rockenhausen. Der dort ansässige **Kurt Rocker** von der CDU-Fraktion hatte gesprochen. Da meldete sich von der SPD-Fraktion **Philipp Mayer,** der aus Eisenberg kam. Dieser Abgeordnete hatte im Landtag fast noch nie das Wort ergriffen, geschweige denn, dass er sich freiwillig dazu gemeldet hätte. Deshalb ging sogleich auch ein Raunen durch die Reihen des Hauses: „Der Philipp Mayer hat sich gemeldet... Der Philipp hat sich gemeldet!" Dieser trat dann ans Rednerpult und sagte: „Ohrringe müssten Sie tragen, Herr Rocker! Ohrringe!" Als dieser fragte: „Warum?" sagte der Abgeordnete Mayer: „Damit man sieht, wo Ihr großes Maul anfangt und wo es wieder aufhört!" – sprach's und verließ wieder das Rednerpult!

Prof. Dr. Rudolf fand bei seinem Abschied als Staatssekretär vor der Fraktion folgenden Satz: „Ich danke Herrn Schleyer, dass er in den wenigen Fällen, in denen er noch gebraucht wurde, mich unterstützt hat!" – und dann schob er noch die Bemerkungen nach: „Ich habe mich eigentlich immer als der Professor gefühlt."

Helma Schmitt, die verehrte Kollegin und Bäuerin aus Haßloch, rief einmal, als es um die Tabakkönigin aus Haßloch ging mit Blick auf die Zuschauertribüne: „Do is die Elke Mieser. Ei, die kann jo gar nit do sei, die wohnt neben mir."

Dr. Walter Schmitt, ein Meister der Sprache, begründete dem Fraktionsvorsitzenden Hans-Otto Wilhelm gegenüber seine Absage, erneut die Rede zur Weihnachtsfeier der Fraktion zu halten, mit folgenden Worten: „Ich gebe ja politische Satire zum Besten, aber inzwischen hat die politische Realität die Satire überholt!“

Peter Schuler hatte sich sehr über einen SPD-Antrag zum Weißblech geärgert, und er rief deshalb voller Empörung in den Plenarsaal: „Der Bojak, der geistige Vater, gehört nicht in den Landtag!“

In der Debatte über die Benennung von Straßen, in denen Waren von Landwirten verkauft werden sollten, machte der Landtagsabgeordnete **Hans Tölkes** aus Bitburg die Vorschläge: „Drosselgasse: Hier wird Vogel feilgeboten!“ – „Milchstraße!“ usw.

Klaus Töpfer reagierte auf einen widersinnigen politischen Vorschlag mit dem Satz: „Das ist eine Politik der gerösteten Schneebälle!“

Natürlich hat auch der eloquente ehemalige Ministerpräsident **Dr. Bernhard Vogel** seinen Beitrag zu den bemerkenswerten Formulierungen geleistet. So sagte er einmal in einer Mediendebatte, nachdem zuvor zu dem anstehenden Thema zwei Bundespolitiker zitiert worden waren: „Obwohl Herr Matthöfer ein Sozialdemokrat ist, hat er Recht – und obwohl Herr Schwarz-Schilling ein Christdemokrat ist, hat er auch Recht! „

Oder er äußerte sich nach einer Bundestagswahl mit folgendem Satz: „Kohl ist Kanzler geworden aus dem kleinen Ärger heraus, den man auf andere abschieben konnte!“

Bei der selben Wahlanalyse meinte Bernhard Vogel: „Es ist natürlich schon zu beachten, dass niemand das Sofa am falschen Tag aus dem Zimmer trägt!“

Schließlich fügte er – für das Jahr 1983 – hinzu: „Wir sind doch nicht gewählt worden, weil wir besser waren, sondern weil die anderen schlechter waren!“

Als es nach einer Landtagswahl in der Fraktion um die Regierungsbildung ging, hatten bei der Debatte darüber die beiden vorherigen Staatssekretäre den Raum verlassen und waren anschließend wieder zurückgekommen. Bernhard Vogel quittierte dies mit dem Satz: „Bei Hoppe und Basten bedanke ich mich für die Zeit, die sie nicht da waren!“

Der frühere Finanzminister und anschließende Ministerpräsident **Dr. Carl-Ludwig Wagner** war ebenfalls um auffallende Sprüche nicht verlegen. Wurde ein politisches Thema zu heiß oder zu lästig, dann forderte er: „Es muss ein neues Schwein durchs Dorf getrieben werden!“ Zum Nachtragshaushalt sagte Carl-Ludwig Wagner in der Fraktion: „Ich habe selbst nur eine grobe Ahnung, aber die ist trübe!“

Als ein Fraktionskollege dem Finanzminister wegen dessen zu harter Linie freundschaftlich tadelnd zurief: „Du, du, du.......“, antwortete Carl-Ludwig Wagner: „I do, what I can!“

Schließlich, fast etwas hilflos: „Zu diesem Thema wäre viel zu sagen, man müsste nur wissen, was!“

Der frühere Fraktionsvorsitzende **Hans-Otto Willhelm** hat immer wieder in großer Fülle bemerkenswerte Formulierungen beigesteuert. Hier nur eine ganz kurze Auswahl:

Als ihn während einer laufenden Fraktionssitzung die Mitteilung erreichte, es werde unten auf dem Hof gerade ein Golf abgeschleppt mit Mainzer Nummer, da rief Hans-Otto Wilhelm: „Vielleicht der Heinz-Georg Diehl? Aber nein, der ist ja nicht da, da kann er auch nicht abgeschleppt werden!..... Na ja, aber vielleicht sitzt er drin!“

Bei einer Debatte über den Zustand der Partei sagte Hans-Otto Wilhelm: „Wir haben den Basisdialog mit Elefantenrunden ersetzt!“

Über nichts sagende Diskussionsbeiträge konnte sich Wilhelm sehr aufregen. Einmal sagte er dazu: „Da schwätzt einer 15 Minuten lang mit seinem Nachbarn über das Verhalten des Papageis – und dann meldet er sich auch einmal zu Wort – und so isses dann auch!“

Dann gibt es von Hans-Otto Wilhelm auch die beiden folgenden Sätze: „Für jedes Jahr sozialistischer Politik braucht man drei Jahre zur Wiedergutmachung!" – und: „Die Union muss aufhören, allen nur Freundliches sagen zu wollen!"

Auch **Franz Josef Strauß** soll hier erwähnt werden. Als Hans-Otto Wilhelm ihm am frühen Morgen in einer Luftfahrtausstellung in Washington eine Zigarre anbot, sagte er: „Nein, diese Zigarre nicht, indem, dass ich keine so starken nicht rauche!"

Helmut Kohl soll nicht fehlen. Er sagte im Fernsehen, neben Graf Lambsdorff stehend, nach der Wahlniederlage in Hessen: „Wir werden pfleglich miteinander untergehen."

Die Aussprüche und Sprüche von **Heiner Geißler** sind seit eh und je immer sehr treffend gewesen. Es soll hier auch nur eine kurze Auswahl geboten werden:

„Was dem einen recht ist, ist dem anderen noch lange nicht billig!"

„Lieber befristet arbeiten, als unbefristet arbeitslos."

„Die Verbände sind notwendig, aber weder das Parlament noch die Regierung sind der Notar einer Seite."

".....zwei Rieseneidechsen, die einen Wettkampf in Bewegungslosigkeit machen....."

„Ein neues Wort: ‚Enquete-Kommission' oder ‚Beauftragter' oder ‚Auszubildender' - fällt der SPD immer nur ein. Das sind Etiketten. Etiketten sind was für Flaschen, wir machen Politik für Menschen!"

„Auszubildender sagt er nicht gern, sondern er sagt Lehrling."

Geißler weiter: „Man sagt zum Spaziergänger ja auch nicht Auszugehender und zum Gummi nicht Auszudehnendes – den Sozialdemokraten fällt immer nur ein neues Wort ein!"

„Wenn wir so weitermachen, dann wär's ja bald besser, ich geb' dem Staat meinen Lohn und lass mir die Steuern auszahlen!"

„Ich glaube, dass Optimismus nicht nur etwas ist, was mit Hormonen zusammenhängt, sondern auch eine Sache ist von Mut und Entschlossenheit – das brauchen wir!"

Das Kapitel „Landtagsabgeordnete" soll abgeschlossen werden mit zwei kurzen Begebenheiten.

Die eine spielte in der belgischen Hauptstadt Brüssel: Bei einer Reise des Arbeitskreises Kultur der Fraktion zum Europäischen Parlament nach Brüssel wurde am Tag der Rückfahrt der Weg zum Bahnhof mit Taxis zurückgelegt.

Ein Kollege hatte **Franz-Josef Hamacher** beim Einsteigen scheinbar großzügig den Platz neben dem Fahrer überlassen. Hinten sitzend sagte der Kollege dann zu seinem Nachbarn: „Ach weißt du, hinten fährt man auch ganz gut, denn, der, der vorne sitzt, muss ja auch bezahlen." Darauf reagierte Franz-Josef Hamacher wie folgt: „Wolfgang, du bist nisch nur en Schlingel, du bist auch en Schlitzohr!" –

Am Bahnhof, vor den Gepäckaufbewahrungsboxen räumte ein Delegationsmitglied seinen Koffer und seine beiden Taschen in eine Box. Da trat Kollege Hamacher hinzu und probierte, seinen Koffer und seine Tasche auch noch in derselben Box unterzubringen. Als dies nicht gelang, räumte er seines Kollegen Koffer wieder heraus, stellte ihn auf den Boden vor den Boxen und erklärte mit entwaffnendem Lächeln: „Ja, lieber Manfred, dein Koffer hat jetzt leider doch nicht mehr hineingepasst!"

Als Kollege **Franz-Josef Hamacher** zusammen mit **Clemens Henzler** neu in den Landtag gekommen war, wurde diesen beiden von hilfreichen Kolleginnen dringend geraten, bei Herrn Dr. von Dietl in der Landtagsverwaltung die Immunitätsbescheinigung abzuholen, weil sie sonst als Abgeordnete nicht tätig sein könnten. Sie machten sich eilends auf den eigens beschriebenen Weg, wobei Franz-Josef Hamacher beim Eintreten in das Büro des Herrn von Dietl seinem Kollegen Clemens Henzler begegnete, der mit hochrotem

Kopf bereits wieder auf dem Rückweg war, ohne den lieben Kollegen jedoch davor zu warnen, dass er hereingelegt wurde: Denn es gab natürlich überhaupt keine „Immunitätsbescheinigung“!

Zu guter Letzt: Bei dem Besuch von **Susi Hermans** und **Jean Baptist Rösler** als Senioren in der Fraktion sagte Susi Hermans zu uns allen: „Was Sie sind, waren wir. Was Sie werden, sind wir.“

....und schließlich noch ein paar „Schreibblüten“ eines Petenten:

Rechtsanwalt Friedrich Schmidt aus Bernkastel-Kues, ein Verwandter eines dort bekannten Kommunalpolitikers, der sich bei der Regelung des Konkursverfahrens einer Weinkellerei an der Mosel ins Unrecht gesetzt sah, wandte sich, einem Michael Kohlhaas nicht unähnlich, in seitenlangen Briefen an hohe und höchste Stellen des Landes und des Staates. So schrieb er im Januar eines der frühen 80er-Jahre an den damaligen Ministerpräsidenten: „Ich schreibe Ihnen zur Zeit der gefrorenen Erde, damit sie nicht gleich wieder den Kopf in den Sand stecken können.“

Rechtsanwalt Schmidt schrieb an den damaligen Justizminister Schreckenberger ein paar Wochen später: „Ein Schreckenberger, der sich drückt, ist schlimmer, als ein Drückeberger, der sich schreckt.“

Dann schrieb Schmidt wieder an den Ministerpräsidenten: „Es wird in ganz Rheinland-Pfalz keinen Teppich geben, der groß genug ist, um alle Schweinereien, die Sie sich in dieser Angelegenheit geleistet haben, darunter kehren zu können."

Über ältere Beamte schreibt Rechtsanwalt Schmidt: „Die haben inzwischen ein so dickes Fell bekommen, dass sie kein Rückgrat mehr brauchen."

Er formuliert in einem weiteren Schreiben zu standesrechtlichen Bemühungen von Beamten: „Die geben nicht eher Ruhe, bis auch die Rückgratschwäche beihilfefähig wird."

Reisen

Während einer langen Abgeordnetenzeit fand auch eine Reihe von Reisen in die verschiedensten Länder und Regionen statt – Reisen, welche die Abgeordneten fast immer durch einen eigenen Anteil an den Kosten oder ganz mitfinanziert haben.

Die Reisen in die USA:

Anfang der achtziger Jahre hatten verschiedene Abgeordnete die Gelegenheit, an mehreren USA-Reisen teilzunehmen.

Die erste dieser Reisen stand unter der Leitung von Ministerpräsident Dr. Bernhard Vogel und dem Vorsitzenden der CDU-Landtagsfraktion Hans-Otto Wilhelm. Diese Reise sollte dazu dienen, wirtschaftliche Kontakte zwischen rheinland-pfälzischen Unternehmen und Unternehmen im amerikanischen Bundesstaat Texas zu knüpfen. Deshalb nahmen, neben mehreren Abgeordneten der CDU-Fraktion, etwa 30 Wirtschaftsleute aus Rheinland-Pfalz sowie Vertreter der Presse an dieser Reise teil. Vertreter der Wirtschaft waren z. B. der Inhaber und Chef einer Keramik-Fabrik aus dem Westerwald, ein Druckereibesitzer aus Mainz, der Chef eines großen Handelsunternehmens sowie die Geschäftsführer der IHK und der Handwerkskammer.

Bei den etwa acht Pressevertretern waren unter anderem auch der Landeschef Rheinland-Pfalz von DPA, Richard Schmidt, sowie der Redakteur des Südwestfunks, Walter Janson.

Die 14-tägige Reise war zweigeteilt: die erste Woche war unter der Mitwirkung von Ministerpräsident Dr. Bernhard Vogel den Wirtschaftskontakten mit Texas gewidmet, die zweite Woche brachte einen Aufenthalt in Washington D.C. mit überwiegend politischen Gesprächen unter der Leitung des Fraktionsvorsitzenden Wilhelm. Die 14 Tage waren ausgefüllt von einer großen Zahl von Informationen, Erlebnissen, neuen Erfahrungen. Man hatte das Programm durchgeplant bis auf die letzte Stunde. Die Tage waren randvoll gepackt, aber das kann nicht nur annähernd dargestellt werden.

Deshalb nur einige Schlaglichter auf wenige Erlebnisse:

Um es gleich zu sagen: die Reise war insgesamt sehr erfolgreich. Die Woche in Texas, hervorragend geplant von der Deutsch-Amerikanischen Industrie- und Handelsgesellschaft und ihrem Vizepräsidenten de Boer, brachte eine Reihe von wirtschaftlichen Verbindungen zwischen amerikanischen und rheinland-pfälzischen Firmen, aus denen sich einige gute Geschäftsbeziehungen entwickelten.
Die politischen Gespräche in der Hauptstadt waren sehr intensiv und nachhaltig.

Bei den „Schlaglichtern“ kann man u. a. an die – minutiös und mit viel Sorgfalt organisierten – touristischen Teile des Programms, wie zum Beispiel an den halbstündigen Flug von Houston zu der mitten in der Graswüste gelegenen Gedenkstätte an den Amerikanisch-Mexikanischen Krieg denken. Es wurde mit fünf Hubschraubern geflogen, in einem davon saß Bernhard Vogel und ein Abgeordneter mit dem ehemaligen Chef der Landesbank, Herrn Sinnwell, zusammen.

Die gepresste Enge mit drei Personen auf einer relativ kurzen Sitzbank erlaubte – des schwierigen Atmens wegen – kaum ein Gespräch, so dass man es mit einfachen „Ah- und Oh“ - Lauten bewenden ließ. Außerdem musste ausgerechnet dieser Hubschrauber einmal „notlanden“, weil der Pilot zuerst offenbar zu wenig Sprit an Bord hatte.

Die Stationen der Reise in Texas waren Houston, Dallas, San Antonio und New Braunsfield – eine „deutsche“ Stadt in der Tradition der ehemaligen Einwanderer.

An einem Nachmittag war die rheinland-pfälzische Reisegruppe zu einer „kleinen“ Party bei einem Multimillionär eingeladen: Es waren rund 1200 Gäste anwesend. Das Fest fand zu Ehren des kleinen Sohnes der jungen Eltern statt: der Sohn feierte seinen fünften Geburtstag. Das ausgesprochen dicke Kind hatte als Geburtstagsgeschenk ein Rennpferd im Wert von 1,3 Millionen Dollar bekommen.

Der Gastgeber hatte seine Millionen mit Gold- und Diamantenminen „gemacht“ - er war gerade dabei, in einem neuen Areal eine Münzprägeanstalt zu bauen. Er trug an einer Kette einen Diamantenanhänger, von dem gesagt wurde, er habe den Wert eines komfortablen Einfamilienhauses.

An der einen Seite des Festplatzes gab es ein Riesen-Büfett, von dem angenommen werden konnte, dass es etwa 100 Meter lang war. Steaks, Salate und Soßen waren der große Renner.

Zu Gast bei der Party war ebenfalls das Heeresmusikkorps der deutschen Bundeswehr, das sich damals auch auf Amerika-Tournee befand. Zum Tanz spielte eine mexikanische Kapelle auf – sie saß mit Herren im schwarzen Smoking auf der Bühne eines kleinen weißen Pavillons mitten im Park. Dort gab es auch die Kinderbelustigungen – unter anderem ein hölzernes Gerät mit Sattel und Motor zum Rodeo-Reiten.

Als ranghöchster Gast bekam der Ministerpräsident ein Geschenk: der Multimillionär überreichte Bernhard Vogel auf der Bühne des weißen Pavillons eine silbern blitzende Cowboy-Pistole – der Beschenkte, mit zünftigem Texashut auf dem Kopf, „probierte“ sie mit hochgerecktem Arm sogleich aus, aber es machte nur dreimal „Klick“, denn sie war natürlich nicht geladen, das Magazin war leer, der Knalleffekt blieb aus.

Bernhard Vogel musste direkt von der Party zum Flughafen, um die Rückreise nach Deutschland anzutreten, Herr de Boer fuhr ihn mit seinem Wagen dorthin. Als dieser zur Party dann noch einmal zurückkehrte, brachte er die silberne Pistole wieder mit: bei der Personenkontrolle auf dem Flughafen hat man Bernhard Vogel die Waffe abgenommen, und er konnte von Glück sagen, dass es dort keine weiteren Verwicklungen gab.

Es bedurfte anschließend wochenlanger diplomatischer Bemühungen unter Einschaltung der Deutschen Botschaft in Washington, bis die Pistole endlich als regierungsamtliches Sonderpaket in der Staatskanzlei in Mainz eintraf.

In der zweiten Woche dieser Reise war der Standort dann Washington. Unter der Führung des Fraktionsvorsitzenden Wilhelm wurden dort Gespräche geführt bei der Deutschen Botschaft, im Außen- und Verteidigungsministerium sowie mit Abgeordneten des Repräsentantenhauses und mit Senatoren. Dabei sprach man auch mit einem exotischen Abgeordneten der Demokratischen Partei, der als einziger damals Gesprächskontakte mit Fidel Castro in Kuba unterhielt.

Am letzten Tag des Aufenthaltes gab es einen Termin bei einem einflussreichen Senator. Während des Gesprächs schlief ein Kollege mit einer dunkelblauen Windbluse auf dem Sofa sitzend einfach ein und ließ dann den Kopf auf den Oberarm des Herrn Wilhelm sinken, der neben ihm saß. Danach hatte der Kollege jahrelang darunter zu leiden.

Vor allem politische Wirtschaftsgespräche sind geführt worden, besonders intensiv mit der Organisation des Mittelstandes, des amerikanischen „small buisness.“

Das Domizil war damals im „Washington Hilton“, in dem Hotel, vor dem wenige Wochen zuvor ein Attentat auf den amerikanischen Präsidenten Ronald Reagan verübt worden war. Zur gleichen Zeit logierte dort auch Franz Josef Strauß, wo er aus besonderem Anlass bei einer festlichen Gala eine große Rede zu halten hatte. Die Rheinland-Pfälzer trafen ihn zum ersten Mal frühmorgens um 8 Uhr bei einer Luftfahrtausstellung – man sprach miteinander und traf sich noch öfters in der Lobby des Hotels oder in der Snack-Bar.
Er interessierte sich sehr für das Tagesprogramm der Delegation, und er erwähnte, was auf seinem Terminplan stand. Einmal nannte er die Rheinland-Pfälzer „unsere Außenpolitiker aus der Provinz“.

Fraktionsvorsitzender Wilhelm hatte etwa ein Jahr später zu einer weiteren Reise ähnlicher Art in die USA eingeladen. Erneut waren Wirtschaftsleute und Journalisten dabei, aber auch Vertreter des Vereins „Ein Herz für Amerika“. Diese Reise ging ebenfalls zuerst nach Texas und anschließend nach Washington. In Texas wurden mehrere Ehrenbürgerschaften an Mitglieder der

Reisegruppe verliehen: die von Houston, von San Antonio und von Corpus Christi sowie dann sogar die des Staates Texas. Die Bürgermeister bzw. der Gouverneur überreichten diese Auszeichnungen jedesmal in Anwesenheit eines eindrucksvollen Presseaufgebots mit Fernsehpräsenz, zweimal sogar im Rahmen einer festlichen Stadtratssitzung.

Zu der Reise in die Residenz des Gouverneurs nach Dallas musste man schon um 5 Uhr 30 in San Antonio aufbrechen: Pünktlichkeit war vereinbart, Frühstück sollte es an Bord des Busses geben. Alle waren einigermaßen rechtzeitig eingetroffen – nur einer fehlte: Richard Schmidt, der DPA-Chef. Als er fast eine halbe Stunde später ankam, saßen alle anderen bereits vollzählig im Bus: Richard Schmidt lief mit seiner großen Gestalt von vorne nach hinten durch den ganzen Bus und zwischen den Zähnen zischelte er kaum hörbar: „Wenn einer etwas sagt, nehm' ich den Bus auseinander!“

Ein kurzer Ausflug führte die Gruppe in den Geburtsort und in das Geburtshaus des früheren amerikanischen Präsidenten Lyndon B. Johnson, auf den die Texaner besonders stolz waren.

In der zweiten Woche ging es von Washington aus damals nach Philadelphia, dort wurde u.a. ein hochinteressantes Gespräch beim Vorstand der größten Bank geführt: zwei weitere Wirtschaftsgespräche schlossen sich an. Bei einem Abendspaziergang in der Stadt konnte man feststellen, dass binnen kurzem – so alle hundert oder zweihundert Meter – die Bevölkerung wechselte. Später war dann zu erfahren, dass in Philadelphia wie in konzentrischen Ringen die verschiedenen Völkerschaften sich angesiedelt haben: Puertorikaner, Inder, Chinesen, Schwarze und Kubaner. Ganz ungefährlich erschienen diese Spaziergänge nicht. Den Abend und die halbe Nacht danach haben einige der Gruppe in einer wunderbaren Spezial-Gaststätte verbracht: hier gab es über 1.000 verschiedene Biere. Es waren Biere aus praktisch jedem Land der Erde – die Bierkarte war ein kleines Buch, das die Länder in alphabetischer Reihenfolge aufführte, und das für jedes Land dann jeweils drei bis elf Biere nannte. Die fröhlichen Zecher haben am Schluss nur noch „gedäumelt", das heißt, mit dem Finger einfach in das Buch gestoßen und bei einem Land dann auf eine Biersorte gezeigt, um die Bestellungen zu tätigen.

Am nächsten Vormittag folgte in Philadelphia der Besuch der großen Parade, die anlässlich der 300. Wiederkehr der deutschen Einwanderung nach Amerika veranstaltet wurde.

Bei dieser Reise gab es noch eine turbulente Geschichte rund um eine Redeverpflichtung des Fraktionsvorsitzenden Wilhelm. Er hatte zur Mittagszeit vor einem feinen Club erlesener Wirtschaftsleute in einem First-Class-Hotel in Dallas zu sprechen. Man war bei der Busanreise schon etwas knapp dran, da entdeckte der Vorsitzende beim Lesen der englischen Übersetzung seiner Rede, dass die Seite 8 seines Manuskripts fehlte. Kollegen und Mitarbeiter der Fraktion knieten und suchten auf dem Boden des Busses, um die fehlende Seite zu finden – die Nervosität steigerte sich zum kaum noch Erträglichen – da entdeckte ein des Englischen perfekt kundiger Zeitgenosse, dass der Text ja vom Ende der Seite 7 zum Anfang der Seite 9 nahtlos weiterlief – man hatte sich also beim Schreiben der übersetzten Rede lediglich in der Nummerierung um eine Zahl geirrt. Erleichtert, aber auch erschöpft wurde das zur Kenntnis genommen.

Bei der Ankunft am Hotel betraten die Gruppenmitglieder mit ihrem Gepäck die Eingangshalle. Das Gepäck einiger Kollegen war etwas schwerer als sonst, denn der Vorsitzende hatte eine Reihe von Fraktionsgeschenken, die er den jeweiligen Gastgebern überreichen wollte, unter ihnen aufgeteilt. Als es dann die große Freitreppe zum Festsaal des Hotels hinaufging, arbeitete sich der Kollege Robert Zingen an die Seite des Vorsitzenden und klagte unwirsch wegen der größeren Last, die er jetzt zu tragen hatte. Er sagte noch: „Das nächste Mal kannst du deinen Schladerer selber tragen!“ Der Schladerer war ein Schnaps aus Baden-Württemberg, über den Bernhard Vogel zuvor schon gelästert hatte, weil dieses Gastgeschenk sinnigerweise nicht aus Rheinland-Pfalz stammte.

Auf das Wehklagen Zingens hin geriet Wilhelm in arge Wut: „Jetzt sind wir verspätet hier angekommen, eine Seite im Manuskript fehlte, hier sitzen die Spitzen der texanischen Wirtschaft und warten – und du kannst die Flasche Schladerer nicht tragen!“ Darauf setzte Zingen noch einen drauf, indem er sagte: „Vergiss’ bitte nicht, dass ich ein Behinderter bin!“ Robert Zingen war gerade von einer schweren Erkrankung genesen. Jetzt war Wilhelm sprachlos und eilte mit langen Schritten zur Begrüßung des Wirtschaftspräsidenten.

Einige aus dieser Delegation sagten und denken manchmal heute noch, wäre man Anfang der achtziger Jahre 10 bis 15 Jahre jünger gewesen, dann hätte einen kaum etwas davon abhalten können, für immer oder zumindest für eine längere Zeit nach Amerika zu gehen. Denn man war fasziniert von diesem Land: von seiner Größe, der Freiheit, dem unkomplizierten, einfachen Leben, wo es keine engen, kleinlichen Bestimmungen und Regelungen gab, und vor allem von der Chance, durch eigene Leistung alles erreichen zu können – das alles hat tiefen Eindruck hinterlassen.

Zwei weitere USA-Reisen, die gleichfalls nach Texas führten, dienten diesmal dem Zweck der Weinwerbung.

Die erste Reise veranstaltete die CDU-Landtagsfraktion. An ihr nahmen teil: die Winzertrachtengruppe aus St. Martin in der Pfalz, sowie Bürgermeister, Weingutsbesitzer und Winzer als auch Genossenschaftsleute. Die Stationen dieser Reise waren Houston, Dallas, San Antonio, Corpus Christi sowie kleinere Orte in Texas. Vorbereitet wurden sie von dem inzwischen in Houston eingerichteten rheinland-pfälzischen Wirtschaftsbüro unter der Leitung von Herrn de Boer, der zuvor Vizepräsident der deutsch-amerikanischen Industrie- und Handelskammer war. In einer Reihe von Veranstaltungen boten die Gäste ihren Gastgebern pfälzische Feste an, mit Weinproben, Musik, Auftritten der Trachtengruppe usw. Die Schauplätze waren große Hotels mit ihren Festsälen oder Innenhöfen und einmal sogar ein Restaurant-Schiff.

In der kargen Freizeit beim Besuch von Corpus Christi wurde im Golf von Mexiko gebadet oder in den Flussstraßen von San Antonio, die natürlich an Venedig erinnerten, am Abend mit dem Partyboot vorbeigefahren an den Häusern, Villen und Residenzen dieser Stadt mit ihrem prächtigen Blumenschmuck. Oder da war ein Besuch in Los Alamos, der Gedenkstätte für den Sieg der Amerikaner im Krieg gegen Mexiko. Schließlich gab es einen urwüchsigen Abend bei einem deutsch-amerikanischen Verein in einer weißen Villa mit großem Park, wo die amerikanischen Herren in Lederhosen und die Damen in bayerischen Trachtendirndeln auftraten.

Alles in allem: es gab für die Weingüter und die Winzer sehr gute und dann auch lange anhaltende Geschäftsbeziehungen als Ergebnis dieser Reise. Die Politiker hatten sich wieder einmal erfolgreich als „Türöffner" betätigt.

Die zweite Reise für die Weinwerbung in den USA wurde veranstaltet durch die Landkreise im Regierungsbezirk Trier, in denen Weinbau betrieben wurde, sowie von der Weinwerbung Mosel-Saar-Ruwer. Wichtigster „Teilnehmer" war die Trachtengruppe und Winzerkapelle aus Piesport sowie ebenso Weingutsbesitzer, Winzer, Werbefachleute und Vertreter der Presse. Auch diesmal ging es wieder nach Texas und zu fast allen Stationen der ersten Reise, aber natürlich mit einem neuen Programm.

Wine tastings, moselländische Abende, Auftritte der Trachtengruppe und der Winzerkapelle hatten eine hervorragende Resonanz bei den Amerikanern, und es gab als Ergebnis dieser Reise ebenfalls eine Reihe von Geschäftskontakten auf Dauer für die Weingüter.

Einem Landtagsabgeordneten wird die Feier seines „fingierten" Geburtstages im Innenhof eines Nobel-Hotels unvergessen bleiben. „Fingiert" war sein Geburtstag, weil er in Wirklichkeit gar keinen hatte, sondern weil einfach einer – ich glaube sogar, es war der Delegationsleiter Landrat Dr. Gestrich – gesagt hat: „Der Herr hier hat heute Geburtstag!" Es war unmöglich, dies noch einmal zu dementieren. Es wurde auf Kosten des falschen Geburtstagskindes Geburtstag gefeiert. Der Höhepunkt der Feier war eine Prozession der leitenden Angestellten des Hotels, einschließlich des Kochs mit Kerzen und Wunderkerzen und mit dem „Geschenk“ einer Eisbombe, die der gefeierte Abgeordnete später dann wieder auf seiner Rechnung fand.

Es gab dann noch einmal im Auftrag des Fraktionsvorsitzenden eine Texasreise, bei der die Arbeit des rheinland-pfälzischen Wirtschaftsbüros in Houston beobachtet und angeregt werden sollte.

Man hat in Houston im Hotel „Lincoln“ gewohnt. Während dieser Reise wurden viele Gespräche geführt: mit dem Vorsitzenden der Republikaner von Texas, einem Senator, mit dem Rektor und Professoren der Universität von Texas, mit Wirtschaftsleuten und Wirtschaftsinstituten, vor allem auch mit Vertretern des Mittelstandes.

Der Besuch der Universität von Texas hat uns stark beeindruckt, denn es war dabei etwas zu erfahren, was zuvor noch nicht für möglich gehalten wurde: die Universität finanzierte sich im Wesentlichen aus privaten Mitteln. Neue Projekte, wie z. B. ein Forschungsinstitut einschließlich der Neubauten konnten ganz kurzfristig erstellt werden, weil es sehr schnell ging, die Spenden zu sammeln und die Finanzierung sicherzustellen: in zwei bis drei Wochen waren da zum Beispiel etwa 10 bis 12 Millionen Dollar aufgebracht worden. Mit der Leitung dieser Universität wurde vor allem über den Studentenaustausch und Hochschulpartnerschaften gesprochen.

Die zahlreichen Informationen und Erkenntnisse dieser Reise sind in einem ausführlichen Bericht festgehalten worden, wobei gleichzeitig eine Fülle von Vorschlägen für das politische Handeln unterbreitet wurden.

Auslandsreisen der Landtagsfraktion

Die Reise nach Portugal

Anfang der achtziger Jahre reiste die Fraktion des Landtags von Rheinland-Pfalz nach Portugal.

Diese Reise ist bemerkenswert, weil sie in ihrem äußeren Rahmen so beschwingt und leicht war. Es war ein fast schwereloses Dahingleiten in einem Land der Sonne und der Schönheit mit wunderbaren Einblicken in die Heiterkeit des Daseins. Fraktionsvorsitzender war damals Rudi Geil, der die Reisegesellschaft mit viel Verständnis und Überblick leitete.

In Lissabon wurden in der Deutschen Botschaft politische Gespräche geführt, mit Regierungs- und Parteienvertretern sowie Vertretern der Wirtschaft.
Abends ging es in die originalen portugiesischen Gaststätten mit ihrer melancholischen Fado-Musik sowie jeder Menge Meeresfrüchten und Fischgerichte.

Bei dem Gespräch in der wunderbar gelegenen und gestalteten Residenz des deutschen Botschafters begegnete der Fraktion der überaus freundliche Diplomat zugleich auch als so etwas wie ein adeliger „Konfusions-Rat“: Er kümmerte sich ständig um seinen kleinen braunen Dackel und um seine Frau – aber um diese nur insofern, als er von ihr erwartete, dass sie sich um den Dackel kümmern sollte.

Über diesen Botschafter war zu erfahren, dass er gegen Ende des Krieges an der Ostfront zur so genannten Brigade „General Paulus“ gehörte, die an der Kriegslinie von der russischen Seite her mit Lautsprechern die deutschen Soldaten aufforderte, sich zu ergeben und zu den Russen überzutreten. Dies hat vor allem bei einigen älteren Kollegen, u. a. Fritz Mohr, meinem Kollegen aus Bitburg, großen Ärger und riesige Wut ausgelöst – sie waren nur mühsam zu beruhigen.

Der deutsche Botschafter hieß Jessko von Puttkammer – einer erfand für ihn den Namen „Fiasko von Puttkammer“.

Von Lissabon aus fuhr der Bus an der atlantischen Küste Portugals im Westen entlang, weit hinauf nach Norden in die Stadt Porto. Bei dieser Fahrt wurde in der alten Stadt Coimbra Station gemacht und die großartige, altehrwürdige Universität mit ihrer berühmten Bibliothek besucht. Unvergessen ist dabei geblieben der skurrile Streit zwischen Peter Haberer und Dr. Maria Herr-Beck, der entstand, als der Bus durch Coimbra fuhr. Peter sagte da plötzlich: „Da fährt ein gelber Panzer.“ Frau Herr-Beck erwiderte – zuerst eher beiläufig: „Es gibt keine gelben Panzer!“

Aber Peter Haberer blieb bei seiner Behauptung: „Das war ein gelber Panzer.“ Frau Herr-Beck widersprach erneut – und dann steigerte sich dieser Dialog bis zum blanken ernsthaften Streit – mindestens fünfmal wiederholten beide ihre gegensätzlichen Sätze!

Man hielt den Atem an, und schüttelte sich dann vor Lachen – sehr zum Unwillen der beiden Kombattanten! Es handelte sich übrigens um eine Straßenbaumaschine.

Bei dieser Fahrt in den Norden Portugals war vor allem aber die wunderbare Landschaft zu erleben mit der Küste, dem Strand, dem Atlantik und dann mit den kleinen Häusern im maurischen Stil, sehr häufig mit kunstvoll bemalten Keramikfliesen geschmückt.

Eines der Ergebnisse dieser Reise, das noch in Erinnerung geblieben ist, war die modellhafte Einführung des dualen Systems der beruflichen Bildung in einem Bezirk der Hauptstadt Lissabons. Dieses Modell wurde dann auch von Deutschland aus betreut – von unserer Fraktion, vom Kultusministerium in Mainz und von Unternehmern in Rheinland-Pfalz. Besonders aktiv dabei war zum Beispiel der Chef der Firma Hoch aus Neustadt a. d. Weinstraße.

Die Reise nach Ungarn

Auf dieser Reise wurden vor allem Gespräche mit Vertretern der politischen Parteien in Ungarn sowie mit Wirtschaftsexperten geführt. Es gab die Teilnahme an einer Sitzung des ungarischen Parlaments und ein Empfang bei dessen Präsidenten. Die Vertreter der Regierung informierten in frappierend offener Weise über das, was man – noch zur Zeit der harten Ostblockpolitik der Sowjetunion – unter dem legendären „Gulasch-Kommunismus“ zu verstehen hatte.

Natürlich wurden auch die historischen und modernen Sehenswürdigkeiten der ungarischen Hauptstadt Budapest besichtigt. Da war an einem Abend der Besuch im ungarischen Nationalballett und dann an einem anderen Abend das Erlebnis eines stundenlangen opulenten Menüs auf einem prächtig geschmückten Fahrgastschiff auf der Donau. Abschließend kam eine rein touristische Fahrt zu den Schönheiten und lukullischen Genüssen des Balaton – jenem großen Gewässer, das als „Plattensee“ bei den deutschen Ferienreisenden besser bekannt ist.

Die Reise nach Südafrika

Hans-Otto Wilhelm als Fraktionsvorsitzender war der Organisator und Chef der Reise nach Südafrika. Es war die wohl schönste Reise, welche die Fraktion und fast jedes ihrer Mitglieder je unternommen hat.

Sie wurde ausgerichtet von dem Berliner Reiseunternehmer Fischer als eine Reise mit höchster Perfektion in allen organisatorischen Belangen – nur ein Detail: man brauchte sich um das Gepäck überhaupt nicht zu kümmern, die Koffer wurden aufs Zimmer gebracht und vom Zimmer jeweils auch wieder abgeholt.

Stationen dieser Reise waren Johannesburg, Kapstadt, Durban, das Swasiland und der Krüger-National-Park.

In Johannesburg wurden Gespräche mit Wirtschaftsverbänden geführt, es gab einen Besuch und langen Aufenthalt vor allem in Soweto. Die Abgeordneten haben sich dort in Schulen und Wohnhäusern ausführlich mit den Menschen unterhalten. Man konnte dann später auch als Kontrastprogramm das Palais der Winnie Mandela betrachten.

In Kapstadt gab es Gesprächstermine mit allen im Parlament vertretenen politischen Gruppierungen. Vor allem aber mit dem ANC, der Sammlungsbewegung Mandelas, wurde mehrmals gesprochen.

Der berühmte Tafelberg wurde ebenso besucht wie das Kap der guten Hoffnung – mit dem Zusammentreffen von Atlantischem und Indischem Ozean. Menschengewohnte Affen waren dort die frechen und gefährlichen Wegbegleiter.

Im modernen Reisebus ging es anschließend nach Swasiland – einem Unikum von Kleinst-Staatswesen mitten in Südafrika. Es gab zuerst enervierende Kontrollen in einer primitiven Baracke am Grenzübergang. Der Herrscher von Swasiland war ein Despot mit angeschlossenem Familienclan. Auch Mord und Totschlag waren, wie man hörte, an der Tagesordnung. Im größten und einzigen Hotel der Mini-Hauptstadt wurde zu Mittag gegessen. Neben dem Saal des riesigen Speiselokals befand sich eine ebenso riesige Spielhalle mit allen gängigen Spielautomaten in jeweils unübersehbarer Zahl. Sie war ein beliebtes Ziel vieler Südafrikaner, da Spielen in RSA verboten ist. In dieser Spielhalle hat der Fraktionsvorsitzende Wilhelm die Mittagszeit verbracht und unglaublich viel Geld gewonnen.

Vor der Fahrt in den Krüger-Nationalpark wohnten die Fraktionsmitglieder in einem wunderbaren Hotel mit einer Reihe von Bungalows sowie einem großangelegten Park mit Schwimmbad: in Mare Lane Lodge, am Rande des Nationalparks. Dort kamen schon am frühen Morgen die Elefanten mit unmittelbarer Tuchfühlung zu Besuch, wenn sie aus dem Graben am Rande des Parks reichlich Wasser tranken.

Im Krüger-Nationalpark, durch den der Bus sich ganz langsam bewegte, war das ganze Szenario der bekannten wilden Tiere zu sehen: Elefanten, Löwen, Giraffen und Affen sowie eine Unzahl der zierlichen Impalas, auch genannt „the rubbish of the Krueger Nationalpark“

Wenn man noch in Durban am Indischen Ozean, einer weiteren Station dieser Reise weilte, dann denkt man an eine Stadt mit fast ausschließlich indischer Bevölkerung und an ein Hotel, das ein Büfett mit der Originalzubereitung von Speisen zu bieten hatte, wie es so mancher zuvor noch nie gesehen hatte.

Die Reise nach Südtirol

Südtirol war das weitere Ziel einer Reise der Landtagsfraktion. Die An- und Rückreise erfolgte mit dem Zug, für die Fahrten in Südtirol stand ein Bus zur Verfügung. Der feste Standort für den knapp einwöchigen Aufenthalt war ein Hotel in Bozen.

Es wurden dort vor allem Gespräche mit fast allen politischen Gruppierungen geführt, um möglichst genau die politischen Verhältnisse Südtirols als eines jahrzehntelangen Zankapfels zwischen Österreich und Italien zu erkunden.

Das eindrucksvollste Gespräch war zweifellos das mit dem beinamputierten legendären Führer der Südtiroler Volkspartei Silvius Magnago. Er war von 1961 bis 1989 Landeshauptmann von Südtirol und führte die Südtiroler Volkspartei bereits seit 1957.

Bei dem Empfang, den der jetzige Landeshauptmann für die Reiseteilnehmer gab, konnte man unter anderem auch die Tochter eines großen, in der Region sehr verehrten Volkshelden kennenlernen. Die hoch angesehene junge Frau mit einem prächtigen dicken Haarzopf sprach ein Grußwort.

Von dem recht knapp bemessenen touristischen Programm dieser Reise ist bei einigen noch ein Vorfall, der sich bei der Besichtigung der Hauptkirche in Bozen ereignete, sehr gut in Erinnerung: Die Stadtführerin beschrieb im Innern der Kirche vor einem entsprechenden Gemälde gerade in sehr ausführlicher Schilderung die grässliche Foltermethode des „Häutens“ von Menschen, als es daneben einen harten Schlag auf den Boden gab – der Kollege Ernst Lautenbach war zusammengebrochen. Ihm war schlecht geworden, weil er, wie er später sagte, sehr empfindlich gegenüber solchen Schilderungen war. Der Kollege war von Beruf Metzgermeister.

Einen Tag dieser Reise verbrachte die Reisegruppe in der wunderschönen Stadt Meran, die vor allem mit ihrem farbenfrohen südlichen Flair geradezu verzauberte. Auf dem Friedhof dieser Stadt legte die Fraktion einen Kranz für deutsche Soldaten nieder, die dort beerdigt waren.

Dann flanierte man etwas nachdenklich durch die Straßen, machte kleinere Einkäufe und saß in Straßencafés.

Bei der halbtägigen Besichtigung der Seiser Alm gab es nach der Auffahrt mit dem Skilift als „zweites Frühstück“ ein großes Glas Milch mit Brot und saftigem Speck. Die Bergwanderung hielt sich in Grenzen, dafür waren aber die Vorträge von Vertretern des Umweltschutzbundes und des Gebirgsvereins umso ergiebiger: Die Experten referierten und diskutierten mit ihren Gästen in der Gipfelhütte über das Sterben der Vegetation auf der Alm, über das Zersetzen der Böden durch den Skisport und durch den Massentourismus.

Schließlich wurde in einem Winzerbetrieb der Weinbau in Südtirol erläutert. Man besichtigte die Wingerte mit ihren zu weit gespannten Bogengängen hochgezogenen Rebstöcken. Natürlich wurde bei einer Weinprobe auch der Wein des Hofgutes verkostet. Bemerkenswert war, dass hier die Methode der Qualitätssteigerung durch Mengenreduzierung praktiziert wurde: Im Frühjahr wurden an den Rebstöcken nach der Blüte etwa die Hälfte der noch winzige Traubengehänge ausgebrochen, damit sich der ganze Saft und die Kraft des Rebstockes nur noch auf wenige Trauben und ihre Entwicklung konzentrieren konnte. Es galt etwa der Grundsatz: Die halbe Menge bringt die doppelte Qualität. In Rheinland-Pfalz wurde diese Methode erst etliche Jahre später in größerem Stil angewandt.

Während der Busfahrt zu den Wingerten erfuhren die Fraktionsmitglieder übrigens aus dem Radio vom Sturz Erich Honeckers und vom Amtsantritt Egon Krenz' in der damaligen DDR.

Ein zünftiger Hüttenabend mit viel volkstümlicher Musik und einer exzellenten Bewirtung mit Speck, selbstgebackenem Brot, den ortstypischen Fleisch- und Wurstwaren sowie Getränken jeder Art am Vorabend der Rückreise beschlossen das Programm dieses erlebnis- und ertragreichen Aufenthalts in Südtirol.

Die Reise nach Tschechien

Längere Zeit hatte die Fraktion sich damals in Prag aufgehalten, womit außer Besichtigungen und politischen Gesprächen, die auch hier das Programm bestimmten, vor allem zwei persönliche Erlebnisse verbunden sind, an die manche sich noch lebhaft erinnern: Da war zunächst das Missgeschick, dass bei der Ankunft auf dem Flughafen in Prag das Gepäck einiger Kollegen fehlte. Deshalb machte der eine oder andere sich dann sicherheitshalber vom Hotel Forum, dem Domizil, aus sofort auf den Weg in die Stadt, um für alle Fälle das „Nötigste", also Waschutensilien, Hemden und Unterwäsche zu kaufen. Einer erstand dabei unter anderem zur hellen und gellenden Freude der Fraktionsmitarbeiterinnen, denen er das beim Abendessen erzählte, einen Rasierschaum der Marke „Macho". Die fehlenden Koffer waren jedoch spät am Abend im Hotel noch aufgetaucht.

Und dann noch:

Als einer der Kollegen für den Weg von der ersten Etage des Hotels hinunter in die Lobby die große schöne Freitreppe benutzen wollte, wunderte er sich schon beim Hinuntergehen, dass da unten am Ende der Treppe so etwas wie eine Bühne eingerichtet war und viele Menschen auf Stühlen im Halbrund davor saßen. Als er die letzte Drehung der Treppe genommen hatte, brandete plötzlich Beifall auf, und er entdeckte erschrocken, dass der ja wohl ihm gelten musste. Dem war auch so, denn er war mitten in die Vorführung einer Modenschau geraten und wurde als Mitwirkender missverstanden, als er mit seinem westeuropäischen Anzug die Treppe herunterkam.

Ganz im Gegensatz zu diesen persönlichen Erlebnissen standen und stehen die Eindrücke, die sich beim Besuch des Konzentrationslagers Theresienstadt tief eingeprägt haben. Die Führung dauerte fast drei Stunden – und es wurde deutlich, dass viele diese drei Stunden ihres Lebens nie vergessen würden. Es kann hier nicht von Einzelheiten berichtet werden, aber das, was dort zu sehen war an unwürdigen, menschenverachtenden Bedingungen, unter denen die Menschen zu schlafen, zu essen, zu „wohnen" und zu arbeiten hatten – das wird wohl keiner je vergessen.

Informationsreisen des Fraktionsvorstandes oder der Fraktionsspitze im In- und Ausland

Die Reise nach Kroatien

Es gab auf dem Hinweg eine Zwischenstation: Der Vorsitzende, einer seiner Stellvertreter und der Parlamentarische Geschäftsführer der Fraktion nahmen zunächst in Nürnberg einen Termin mit der damaligen Staatssekretärin im bayerischen Sozialressort Barbara Stamm wahr.

Es ging um deren neue Initiativen für die Jugend- und Seniorenpolitik, die zu Hause dann mit dem zuständigen Fraktionskollegen daraufhin geprüft werden sollten, ob sie auch auf Rheinland-Pfalz übertragbar wären.

In Kroatien war das Zentrum des Aufenthalts die mittelalterliche Stadt Dubrovnik. Gewohnt wurde etwas außerhalb in einem Hotel, das, wie später zu hören war, im anschließenden jugoslawischen Krieg fast völlig zerstört worden ist.

Der Informationsbesuch der drei Vertreter der Fraktionsspitze beim Bürgermeister von Dubrovnik hatte einen fast doppelt grotesken Höhepunkt: Als der Bürgermeister wegen eines Tito-Porträts, das noch in seinem Amtszimmer hing, etwas verwundert und fragend angesprochen wurde, erhob er sich und riss mit einem Sprung das Bild von der Wand – so, als wäre er erst jetzt darauf aufmerksam gemacht worden, dass diese Zeit ja schon zu Ende ist. Das Bild warf er dann in ein Seitengelass seines Zimmers – es war die Rede von der „Rumpelkammer der Geschichte“.

Es schlossen sich weitere Gespräche mit regionalen und örtlichen Parteivorsitzenden an, man fuhr die Küstenstraße zur Adria entlang, und vor allem wurde die wunderbare geschichtsträchtige Stadt Dubrovnik besichtigt. An dem Küstenstreifen war manches gepflegt, vieles auf den Tourismus eingestellt und es gab sogar gewisse Anzeichen von Wohlstand und einen gewissen Reichtum der Bevölkerung.

Aber als man dann über steil abfallende Berge nur einige Kilometer ins Innere des Landes gefahren war, dorthin, wo es keine Touristen mehr gab, war alles ganz anders: Armut, Schmutz und Verfall bestimmten das Bild der vielen kleinen Dörfer. Fast überall gab es auf freien Plätzen einen regen ärmlichen Marktbetrieb, die Cafés und Restaurants waren meist sehr sauber, aber im Mobiliar und Angebot hoffnungslos veraltet und recht bescheiden. Polizeistreifen, die nicht mit sich spaßen ließen, kontrollierten die deutschen Reisenden drei- oder viermal, als sie mit ihrem gemieteten Auto in dieser Region unterwegs waren.

Es waren Einblicke in das Leben eines Volkes, das es mit sich und seinen Gästen gut meint, das aber gewiss nicht auf der Sonnenseite der Geschichte gelebt hat und lebt.

Die Reise nach Rom

Der Fraktionsvorsitzende, seine drei Stellvertreter sowie der Parlamentarische Geschäftsführer der Fraktion haben die Reise nach Rom unternommen.

Ihr Hauptzweck war eine Konferenz mit der italienischen und römischen Polizeiführung. Die mehrstündige Sitzung fand in einem luxuriösen Palazzo statt. Die recht große italienische Delegation wurde angeführt von dem stellvertretenden Polizeiminister Italiens und dem

Polizeipräsidenten von Rom. Das Thema der Verhandlungen war die Weiterentwicklung von Europol. Grenzüberschreitende Polizeiaktivitäten mit ihren rechtlichen und politischen Problemen wurden ausführlich diskutiert. Die Erkenntnisse, die gewonnen werden konnten, kamen der Fraktionsarbeit in Mainz zugute, sie hatten ihren Nutzen aber auch, wie später berichtet wurde, darüber hinaus in einer deutsch-italienischen Vereinbarung auf Bundesebene. Diese hatte dann unter anderem zur Folge, dass durch die polizeiliche Zusammenarbeit zwischen der Bundesrepublik Deutschland und Italien einige Monate später in Mannheim ein hoher Mafia-Boss mit seinem Anhang festgenommen werden konnte.

Es blieb noch Zeit, in einem Schnelldurchgang alle bekannten Sehenswürdigkeiten in Rom zu besichtigen, vor allem aber den Kirchenstaat. Beeindruckend war schon der Blick von dem weißen Grenzstreifen am Eingang des fast quadratischen Petersplatzes auf den Gesamtkomplex der Gebäude: da ragte gegenüber im Hintergrund die Peterskirche majestätisch in den blauen Sommerhimmel, und rechterhand wurde der große Platz von dem repräsentativen Gebäude mit den päpstlichen Gemächern und den obersten Amtsräumen des Kirchenstaates umsäumt.

Auch ein Treffen mit einem Vertreter der obersten Kirchenleitung in diesem Gebäude war vereinbart. Die deutschen Gesprächsteilnehmer wurden an der Pforte zu einem langen Weg durch das Gebäude abgeholt. Schweizer Gardisten paradierten unterwegs mehrmals mit ihren Hellebarden.

Dann folgte das Gespräch mit einem Kardinalstaatssekretär, der quasi der Außenminister des Kirchenstaates war und ein vorzügliches Deutsch sprach. Gepflegt wurde in einem kostbar ausgestatteten Empfangszimmer ein Tour d'horizon über die damaligen politischen Probleme: Es ging dabei zum Beispiel um das Ost-West-Verhältnis, um die Frage der Anerkennung von Ostblockstaaten, insbesondere der DDR, um die Frage der Menschenrechte und die Rolle der katholischen Kirche dabei, es ging um Entwicklungshilfe und schließlich auch um die Bedeutung des Glaubens und der Kirche in einer säkularisierten und immer enger zusammenrückenden Welt.

Da war mit großem Genuss die Begegnung zu erleben mit einem kenntnis- und geistreichen Gesprächspartner von hohen diplomatischen Graden und mit einer Sprache, die höchsten Ansprüche genügte.

Fast eineinhalb Stunden dauerte der Besuch der Peterskirche und dann der Sixtinischen Kapelle, deren Restaurierung gerade in jenen Tagen abgeschlossen worden war – viel Glanz und Prunk, ehrfürchtiges Verweilen – und dann der Gedanke, das alles sei verdichtete Vergangenheit von Religion und Kunst.

An einem Sonntagvormittag fand der Empfang beim Deutschen Botschafter in seiner Residenz statt. Es war ein sehr entspanntes und sachkundiges Gespräch: Der Botschafter informierte über die politische und wirtschaftliche Struktur Italiens und über die Möglichkeikeiten deutscher und bilateraler Politik zwischen den beiden Ländern. Aber fast noch engagierter berichtete der Botschafter, ein ausgezeichneter Ostasienexperte, über Politik, Wirtschaft, die Finanzwelt sowie den allgemeinen Aufschwung im Fernen Osten.

Vor allem wurde seine These diskutiert, dass Japan, China und Indien künftig den neuen Schwerpunkt der Weltpolitik und der Weltkultur darstellen würden.

Diese Reise nach Rom gehörte zu den eindrucksvollsten und ergebnisreichsten Besuchen im Ausland, welche die Teilnehmer während ihrer politischen Arbeit unternommen hatten.

Die Reise nach Passau und München

Der Fraktionsvorstand fuhr mit der Eisenbahn nach Bayern. Es war die letzte Reise des Fraktionsvorsitzenden Hans-Otto Wilhelm vor seinem Wechsel in den Deutschen Bundestag.

Die erste Station war Passau, wo die Teilnahme am Politischen Aschermittwoch der CSU vorgesehen war. Fast eine Stunde lang strömten die Menschen in die riesige Halle, was schon vom Hotelzimmer aus zu sehen war.

Viel Tabakrauch und Bierdunst empfing die rheinland-pfälzischen Gäste, als sie kurz vor Beginn der Veranstaltung dort eintrafen. Zur Unterhaltung und Einstimmung spielte eine große Kapelle mit Blasmusik die bekanntesten Märsche. Das Wort des Nachbarn konnte man kaum noch verstehen. Auf der Bühne hatte die CSU-Prominenz an einem riesigen Tisch ihre Plätze. Dort waren unter anderem Ministerpräsident Edmund Stoiber und Frau, der damalige Parteivorsitzende Theo Waigel und Frau, Ministerin Hohlmeyer, die Tochter von Franz Josef Strauß, sowie Fraktionsvorsitzender Alois Glück zu erkennen.

Die Hauptredner waren natürlich Edmund Stoiber und Theo Waigel. Beide sagten thematisch etwa dasselbe, aber jeder auf seine Art. Es ging über alle Politikbereiche und über das Versagen von SPD und Grünen. Beiden gemeinsam war auch das meist geglückte Bemühen um Schärfe und Zuspitzung der politischen Parolen. Mächtiger, auch grölender Applaus war die Antwort, und das Bier floss in Strömen.

In München waren die politischen Gespräche mit Alois Glück im Parlament und Edmund Stoiber in der Staatskanzlei Paradebeispiele bayerischer Bundespolitik: Pointiert und gerade noch unionsverträglich kontrovers wurden unter anderem die Themen Länderrechte, Bundesrat und Europa von den beiden Gesprächspartnern behandelt, die sich im Übrigen auch dem gelegentlichen Widerspruch souverän gewachsen zeigten.

Natürlich wurden, soweit die Zeit reichte, die Sehenswürdigkeiten besichtigt, es gab einen Besuch im Hofbräuhaus, ein vornehmes Abendessen und einen Bummel im Einkaufsviertel.

Weitere Reisen als Abgeordneter

Die Reise nach Ruanda

Rheinland-Pfalz hat seit Anfang der achtziger Jahre eine Partnerschaft mit dem kleinen afrikanischen Land Ruanda. Diese Partnerschaft wurde in der CDU-Fraktion des Landtages entschieden, genauer: im Fraktionsarbeitskreis „Internationale Beziehungen“.

Es sollte Verbindung aufgenommen werden mit einem der ärmsten Länder in Afrika; zuletzt standen noch Uganda, Ruanda und Tansania zur Auswahl. Man entschied sich dann für Ruanda. Bernhard Vogel, der Ministerpräsident, hatte daran einen wichtigen Anteil.

Diese Entscheidung wurde einmütig auch von allen Landtagsfraktionen mitgetragen.

Schon sehr bald danach folgte eine Reise nach Ruanda. Innenminister Kurt Böckmann, der SPD-Fraktionsvorsitzende Werner Klein, der Beauftragte der Landesregierung für die Partnerschaft mit Ruanda, Herr Moldt und ein Vertreter der CDU-Fraktion nahmen an dieser Reise teil.

Der Flug ging von Frankfurt am Main nach Brüssel und von dort aus mit der belgischen Luftfahrtgesellschaft „Sabena“ in das Partnerland. Für die Reiseteilnehmer war die erste Klasse gebucht. Man wurde dort mit Delikatessen verwöhnt – Kaviar, Champagner – und man flog in eines der ärmsten Länder der Erde! Zumindest einem der Teilnehmer macht das heute noch zu schaffen.

Gelandet wurde in der Hauptstadt Kigali. Der Flugplatz war äußerst primitiv, doch das Hotel im Zentrum der Stadt sollte das beste sein. Aber natürlich war auch hier alles relativ: Aus der Dusche zum Beispiel kam kein Wasser, nur ein paar rostige Tropfen waren dem

Duschkopf zu entlocken. Überhaupt wurde vor der Benutzung des Wassers auch aus dem Hahn des Waschbeckens dringend gewarnt – also putzte man sich die Zähne mit dem Mineralwasser der Marke „Perrier", eine billigere Sorte hatten sie nicht.

Es gab zahlreiche Termine mit Vertretern der Regierung, vor allem mit dem Innenminister, und dann auch beim Staatspräsidenten Habiarimana. In erster Linie aber besuchten die Abgeordneten im Land selbst die Leiter der Bezirke, die Bürgermeister mit ihren Regionen und Gemeinden. Das Thema war immer die Partnerschaft und vor allem die Frage „welche Art von Hilfe wird gebraucht". Es wurde klar: hier müssen Brunnen gebaut werden, hier ist es notwendig, ein Krankenhaus, eine Krankenstation zu errichten, hier fehlt eine Schule oder ein Altenheim. Das Erstaunliche war: dies alles konnte mit unglaublich wenigen Geldmitteln bewerkstelligt werden. Die gesamte Arbeit wurde praktisch kostenlos geleistet, und die benötigten Baumaterialien waren sehr billig.

Es waren bereits Einrichtungen zu besichtigen, die schon aus der Partnerschaft mit Rheinland-Pfalz hervorgegangen waren, z. B. ein Altenheim, das gebaut worden war mit den Spenden, welche die Gratulanten an Stelle von Geschenken beim 50. Geburtstag Bernhard Vogels gegeben hatten. Es waren in diesem Altenheim fast nur Frauen mit uralten Gesichtern – dabei waren diese Menschen meist erst 50 bis 55 Jahre alt.

Die Schlafstätten bestanden aus Decken oder Rohrmatten, die auf dem Boden eines riesigen Saales lagen. Die sanitären Einrichtungen waren nach der landesüblichen Form sehr primitiv gestaltet.

Sehr viele Menschen begrüßten die rheinland-pfälzischen Gäste jeweils bei ihren Besuchen in den Gemeinden. Es gab dabei Musik- und Tanzveranstaltungen mit rhythmischem Singen und dem lauten Lärm der Handgelenk- und Fußrasseln.

Von den Projekten der Partnerschaft war besonders ein Vorhaben für die Landwirtschaft wichtig, das auch gemeinsam von den Universitäten Mainz und Butare betreut worden ist. Bei diesem Projekt sollten vier Stationen in verschiedenen Bereichen des Landes eingerichtet werden und dann für die Verbesserung der Nährstoffhorizonte der Böden zuständig sein. Das Problem bestand nämlich darin, dass durch die starken, meist senkrecht einfallenden Regengüsse es zu einer außerordentlich großen Erosion der Böden kam, bei der vor allem die Nährstoffe ausgewaschen wurden. Durch das Projekt sollten die Nährstoffgehalte und die Bindekraft der Böden für die Nährstoffe entscheidend verbessert werden. Dies wurde unter anderem dadurch erreicht, dass man großblättrige Pflanzen, die z. T. aus Südamerika kamen, angebaut hat, denn damit gab man den Böden beim Verwelken und Verrotten der großen Blätter mehr Nährstoffe, und durch das breitere und tiefere Wurzelwerk der neuen Pflanzen verschaffte man den Böden einen stärkeren Halt, so dass sie der großen Erosion durch die Regenfälle besser widerstehen konnten. Es war ja unmöglich, Düngemittel aus dem Ausland nach Ruanda zu bringen, weil dazu der Landweg viel zu weit und der Luftweg viel zu teuer war. Das Landwirtschaftsprojekt der Partnerschaft mit Ruanda wurde zu einem vollen Erfolg!

Bei dieser Reise konnte man sich auch über die Arbeit der „Gesellschaft für Technische Zusammenarbeit" (GTZ) informieren, indem man einige ihrer Standorte besuchte, z. B. die Projekte von Pater Maurer im Norden des Landes. Zum Mittagessen war man zu Gast bei dem wichtigsten Bischof der katholischen Kirche in Ruanda (Peter Haberer verlangte dabei fast verzweifelt nach dem von ihm so sehr geschätzten messerscharfen Gewürz „Piripilli"). Ein weiterer Besuch galt der Universität Butare im Süden des Landes, dort konnte man andere Projekte der Landwirtschaft mit Schweine- und Geflügelzucht kennenlernen, ebenso eine Ziegelei – kurzum, es war ein sehr reichhaltiges und informatives Programm. Schließlich war noch ein ganz primitives Konzept zur Ernährung der einheimischen Bevölkerung zu erfahren: Die Mitglieder einer Familie füllten rund um ihre einfache Hütte herum der Reihe nach eine Abfallgrube nach der anderen und pflanzten dann jeweils an die Stelle einer gefüllten Grube eine Bananenstaude – so konnten sie sich jahrelang für ihre Verhältnisse gut ernähren, weil die Banane das zentrale und wichtigste Lebensmittel der Ruander war bzw. noch ist.

In dem kleinen touristischen Teil dieser Reise fuhren die Teilnehmer in einem halboffenen Jeep durch den Nationalpark, ganz nah an schlafenden Löwen und riesigen Gruppen von Impalas vorbei, es wurde ein modernes Luxushotel besucht, das am Rande eines großen Sees (des Kiwu-Sees) lag, durch dessen Mitte die Grenze zu Tansania verlief. Vom See herüber kam aus gleißendem Licht und flirrender Luft die tödliche Tse-Tse-Fliege. Das Hotel war herrlich in einem großen Park gelegen mit – nur noch – halbwilden Tieren: Affen, Pelikane und Marabus, die bis unmittelbar vor die Fenster und Balkontüren des Hotelerdgeschosses kamen.

Das Hotel jedoch war fast menschenleer – es war von der Sabena gebaut worden in der Hoffnung auf lebhaften Tourismus, aber das war eine Fehlspekulation: Es kamen keine Touristen, höchstens eine Hand voll Entwicklungshelfer für jeweils ein paar Tage.

Ein privater Besuch galt dann noch der schwarzen Lebensgefährtin von Peter Haberer und deren Freundin. Es war ein reichhaltiges, stundenlanges Essen mit Steaks und allem sonst „rund um die Banane", vom Brei angefangen bis hin zum Bananenschnaps.

Damals gab es in Ruanda nur eine einzige mit Asphalt ausgebaute Straße. Sie verlief in der Mitte des Landes in der Nord-Süd-Richtung. Rechts und links dieser Straße war alles schwarz von Menschen, die in einem ständigen

Strom des Kommens und Gehens in beiden Richtungen liefen – mit Lasten, die sie zumeist auf dem Kopf trugen. Es fiel auf: es gab hier praktisch keinen Wagen, keine Handwagen – es wurde uns gesagt, dass das Rad hier in Ruanda fast noch unbekannt sei – man habe es früher hier überhaupt nicht gekannt, erst durch die fremden Menschen sei es ins Land gekommen.

Dieses Land wird genannt das „Land der tausend Hügel"; auf den Hügeln, wohnen die Leute einzeln verstreut, nicht in geschlossenen Ansiedlungen oder Ortschaften, so wie das von den anderen Kontinenten her bekannt ist. Bis heute existiert noch das besondere Informationssystem zwischen den Hütten: Trommeln oder Rauchzeichen.

Beim Frühstück im Hotel berichtete ein deutscher Soldat von der militärischen Helfergruppe der Bundeswehr: Die ruandische Butter schmecke deshalb so würzig, weil die Milch auf ihren weiten Wegen von den tausend Hügeln in Kannen transportiert worden sei, die man zuvor mit Kuh-Urin ausgewaschen habe, um sie steril zu machen und das Sauerwerden der Milch zu verhindern.

Als diese grauselige Erkenntnis bei dem Empfang in der Deutschen Botschaft an die Frau des Botschafters Bindseil weitergegeben wurde – die Familie des Botschafters war erst sechs Wochen im Land –, erschrak die Frau so sehr, dass sie sich sofort vornahm, künftig nur noch Butter aus Belgien mit der „Sabena“ einfliegen zu lassen.

Bei dem Empfang in der Botschaft war die bemerkenswerte, kleine deutsche „Kolonie“ zu beobachten, von der gesagt wurde, dass sich deren Mitglieder sehr häufig besuchten und eng verbunden seien. Man traf sich, um Tagesschauen und Fernsehfilme aus Deutschland gemeinsam anzuschauen; diese kamen als Videokassetten nach Ruanda, aber immer erst etwa acht Tage nach dem Termin, zu dem sie in Deutschland gesendet worden waren.

Der SPD-Fraktionsvorsitzende Werner Klein erwirkte damals einen eigenen Termin zum Besuch eines Oppositionellen im Gefängnis. Der Minister und der CDU-Vertreter haben diesen Besuch mit (eindeutig falscher) Rücksicht auf die offizielle Partnerschaft nicht mitgemacht – was so manchen heute noch ärgert!

Eines der schlimmsten Erlebnisse auf dieser Reise war der Besuch eines Flüchtlingslagers mit 15.000 bis 20.000 Leuten aus Uganda, die auf engstem Raum in namenlosem Elend zusammengepfercht waren.

Zum Schluss ihres Aufenthalts in Ruanda nahm die rheinland-pfälzische Delegation in Kigali noch an der Sitzung der Großen Kommission der Partnerschaft Rheinland-Pfalz und Ruanda teil – diese Große Kommission war paritätisch besetzt mit Vertretern beider

Regierungen und der Abgeordneten von beiden Seiten. Das Thema der Sitzung war natürlich: Planung für die Fortentwicklung der Partnerschaft.

Die Reise in die Türkei

Der Landtag hatte diesen Besuch als Reise zweier Parlamentsausschüsse, d. h. des kulturpolitischen und des sozialpolitischen, veranstaltet.

An dieser Reise nahmen unter anderem teil: Elsbeth Rickal (CDU) als damalige Staatssekretärin im Kultusministerium, Dr. Rose Götte (SPD), die spätere Kultusministerin und Ministerin für Jugend und Familie, dann der heutige Ministerpräsident Kurt Beck und Michael Reitzel, ein damals noch sehr einflussreicher SPD-Landtagsabgeordneter, sowie eine Reihe von Pressevertretern.

Die Themen dieser Informationsfahrt waren das Schulwesen und die Kultur in der Türkei sowie die Frage der sozialen Integration türkischer Familien mit ihren Kindern in Deutschland – vor allem auch im deutschen Schulwesen. Die Stationen der Reise waren u. a. Istanbul, Ankara, Ephesus, Troja und Izmir.

In Istanbul wurden politische Gespräche mit oppositionellen Gruppen geführt, Moscheen und der Basar besucht. Einige CDU-Abgeordnete (u. a. Hans Dahmen) waren bei einem untergetauchten oppositionellen Spitzenpolitiker zu einem mitternächtlichen „Nachtessen“ in einem verwunschenen Hinterhofgebäude eingeladen. Nach viel Unrat und Gerümpel auf dem Anweg waren die Teilnehmer geblendet von der üppigen Pracht der türkischen Tischkultur mit den großen Kandelabern und den Bestecken aus schwerem Silber.

In Ankara gab es Gespräche mit der Regierung und mit dem Vorstand der Regierungspartei, wobei es von türkischer Seite vorwiegend um einige konkrete Fälle von schlechter Behandlung oder Verfolgung türkischer Gastarbeiter in Deutschland ging, über die kurz zuvor die Zeitungen in der Türkei in großer Aufmachung berichtet hatten. Ein weiteres Gespräch wurde mit einem geistlichen Oberhaupt geführt; hier ging es vor allem um die Koranschulen in Deutschland.

Beim Besuch der Schulen konnte am Unterricht teilgenommen und mit Schulleitungen und Lehrern diskutiert werden. Die türkischen Schülerinnen und Schüler trugen eine einheitliche Kleidung: schwarze Jacken und Röcke oder Hosen sowie weiße Blusen oder Hemden.

Bei der Fahrt zu den historischen Kulturstätten in Ephesus und in Troja wurde viel alte Schulweisheit wieder aufgefrischt oder zurechtgerückt. Ein Journalist wäre bei waghalsigen Klettertouren fast von einem

Felsen gefallen, als ein anderer Reiseteilnehmer ihn mit seinem Namen ansprach und ihm zurief: „Gemmecke on the rocks".

Wo die Reisegruppe auch war, immer wieder brachte Michael Reitzel das Gespräch auf sein großes Geschick im Handeln, hatte er doch auf dem Basar in Istanbul einen kostbar scheinenden Seidenteppich für nur ein Viertel des ursprünglichen Preises erstanden.

Ein ganz besonderes Erlebnis war der Flug von Ankara nach Izmir, weil es ein Flug vom Winter in den Frühling oder den frühen Sommer war. Es gab einen Temperaturunterschied von etwa 35 Grad. Die Winterkleidung passte nicht mehr: Man saß am Abend in Hemd und Hose im Freien vor dem Hotel direkt an der Agäis und aß jede Menge frischen Fisch.

Abschließend sei noch einmal die unglaubliche Gastfreundschaft der Türken in ihrer Heimat erwähnt und gelobt!

Man konnte auf dieser Reise ein liebenswertes Land kennen und schätzen lernen, wenn auch eines mit so mancher politischer Unbill.

Die Reise nach San Francisco

Diese USA-Reise war durch den Ältestenrat des Landtages veranstaltet worden. Die Leitung hatte Präsident Christoph Grimm persönlich übernommen. Zu den Teilnehmern gehörten Kurt Beck als SPD-Fraktionsvorsitzender sowie einige Mitglieder seiner Fraktion, einige CDU-Abgeordnete, ein Vertreter der FDP-Fraktion, der Chef der Staatskanzlei als Vertreter der Regierung, der Direktor beim Landtag und Pressevertreter. Es soll hier nur über den zweiten, den „kalifornischen" Teil der Reise berichtet werden. Die Reisegruppe war zuvor schon an der Ostküste und hatte in Washington Gespräche mit Regierungsvertretern geführt.

Die Themen der Reise waren vor allem Konversion, der Umwandlung militärischer Gebiete in zivile, der Schaffung neuer Arbeitsplätze sowie die Verbrechensbekämpfung und der Kampf gegen die organisierte Kriminalität, vor allem die Mafia.

Ein gelungenes Konversionsprojekt konnte in der Nähe von San Francisco besichtigt werden. Dann wurden mit Experten und Regierungsverantwortlichen des Bundesstaates Kalifornien Gespräche geführt über Kriminalität, über die chinesische Mafia (fest eingenistet in Chinatown), über Zeugenschutzprogramme, Kronzeugenregelungen und neue Identitäten für gefährdete Zeugen.

Ein Besuch galt der Stanford-Universität, einer Elite-Universität. Es wurde mit Studenten und Professoren auch über eine universitäre Kooperation mit der Universität in Kaiserslautern diskutiert.

Das Domizil war ein berühmtes Hotel, nämlich der Schauplatz der Fernsehserie „Das Hotel". Es liegt hoch oben mit herrlichem Blick auf San Francisco. Bei der Ankunft in San Francisco und der Anfahrt zu diesem Hotel ging es auf einer Straße ganz steil nach oben – so steil, wie dort die berühmten Straßenbahnen fahren. Unser Bus schaffte es zuerst nicht: er fuhr trotz Gasgebens nicht nach vorne, sondern er rollte sogar zurück, dabei entstand eine sehr gefährliche Situation. Ohne viel nachzudenken sagte einer laut: „Ich glaube, wir gewinnen nicht nur keine Höhe, wir verlieren welche!", und diesem Satz folgte ein befreiendes Lachen aller im Bus. Aber die Situation war erst endgültig gerettet, als es dem Busfahrer gelang, auf einem Umweg nach oben zu dem Hotel zu kommen.

Natürlich wurde, soweit die Zeit es zuließ, die Stadt besichtigt durch Rundfahrten und Spaziergänge – einer davon führte eine recht kleine Gruppe allein nach Chinatown mit all seinen dunklen Nischen und einer latenten Atmosphäre von Bedrohung. Man erlebte dabei die Golden Gate-Brücke und auch das „Schwulenviertel" mit den roten Fahnen – dem Geburtsort der Hippie-Bewegung mit den „Blumenkindern".

Sonntags waren in jeweils kleinen Gruppen Besuche angesagt bei sehr wohlhabenden Familien aus dem deutsch-amerikanischen Verein.

Schließlich wurde auch ein kritisches und zum Teil sehr scharfes Gespräch mit Mitgliedern einer jüdischen Vereinigung geführt, wobei es um die Bewältigung der Nazi-Vergangenheit in Deutschland ging.

Ein Besuch galt deutschen Winzern in dem Weinanbaugebiet Kaliforniens, dabei auch solchen, die von der Pfalz her bekannt waren. Sie arbeiteten hier sehr erfolgreich mit großer Produktion, mit respektablen Anlagen und mit einem Privatflugzeug für Geschäftsreisen in ganz USA sowie mit internationalen Weinproben.

Es gab außerdem noch den – relativ nichts sagenden und ergebnislosen – Besuch bei einer Abendveranstaltung des Konvents der Republikanischen Partei Kaliforniens in einem großen Messekomplex mit mehreren Hallen. Belanglose Gespräche wurden geführt, aber keiner kümmerte sich wirklich um die deutsche Abgeordnetendelegation, diese lief so etwa als „fünfte Kolonne" in den Sälen herum – der Sinn des Parteitagsprocederes wurde absolut nicht deutlich. Offenbar hatten bei diesem sehr ausgedehnten geselligen Beisammensein die Kandidaten in persönlichen oder Kleingruppengesprächen jeweils um Unterstützung für anschließende Wahlen geworben. Aber das alles blieb ziemlich dunkel und verworren.

Die Ergebnisse der Reise waren sehr vielfältig – aber es ist schwer, die tatsächliche Effizienz solcher Informationsreisen zu erkennen und zu beurteilen, weil vieles in ganz verschiedene Kanäle einer Regierung oder den Abgeordnetenfraktionen läuft und es meist an einer zusammenführenden Nachbereitung fehlt.

Die Reisen nach Moskau und Wolokolamsk in Russland

Auf Anregung der CDU-Landtagsfraktion, speziell ihres Vorsitzenden Hans-Otto Wilhelm, wurde Ende der achtziger und Anfang der neunziger Jahre das Projekt „Kloster Wolokolamsk“ in der damaligen UdSSR vom Land Rheinland-Pfalz entwickelt und betrieben.

Es ging darum, in Partnerschaft mit der russisch-orthodoxen Kirche, ein etwa 120 Kilometer nordwestlich von Moskau gelegenes Kloster, das im Krieg zerstört worden war, gemeinsam wieder aufzubauen und zugleich zu einer deutsch-russischen Begegnungsstätte, insbesondere für die junge Generation, zu gestalten.

Dieses Vorhaben sollte 1995 zum 50. Jahrestag des Kriegsendes als ein deutsch-russisches Versöhnungswerk fertiggestellt sein. Dazu wurde zwischen Rheinland-Pfalz und der Kirche ein Vertrag ausgearbeitet, wonach beide Seiten jeweils 22 Millionen DM aufbringen sollten.

Dieser Vertrag aber hatte, wie sich später herausstellte, zwei entscheidende Fehler:

1. Der Betrag, den die russisch-orthodoxe Kirche aufbringen sollte, war in Rubel nach dem damaligen Gegenwert von 22 Millionen DM festgelegt und im Vertrag festgeschrieben worden. Wenige Jahre später aber wies der Rubel im Vergleich zur DM nur einen Bruchteil seines damaligen Wertes aus – das heißt die Kirche hätte vielleicht nur noch sechs oder dann vier Millionen DM statt der ursprünglichen 22 Millionen gezahlt. Die Kirche bestand aber, was ihren eigenen Finanzierungsanteil betraf, auf der vertraglich in Rubel festgeschriebenen Zahl.

2. In die – zunächst von der deutschen Seite unkontrollierte – russische Übersetzung des Vertragstextes waren von den Russen noch ein paar Dinge mehr als deutsche Leistungen hineingeschrieben worden, als ausgemacht war und aus dem deutschen Text hervorging. Dies sorgte dann unter der späteren SPD-geführten Landesregierung für Ärger und Verstimmung.

Aufgrund der beiden Fehlkonstruktionen, aber auch wegen der inzwischen stark angespannten Finanzlage des Landes Rheinland-Pfalz hat man sich schließlich im Einvernehmen mit allen politischen Kräften im Landtag, mit der russisch-orthodoxen Kirche auf ein stark „abgespecktes“ Programm geeinigt: Statt der Gesamtrestauration des Klosters und dem Bau eines eigenen Hotels wurde nur noch für 2,5 Millionen DM Landesmittel der Ausbau eines Klostertraktes zu einer deutsch-russischen Jugendbegegnungsstätte vereinbart.

Träger des Jugendaustauschs sollte von der deutschen Seite her die Villa Musica von Rheinland-Pfalz sein.

Damit sollte auch an das angeknüpft und fortgeführt werden, was zuvor schon mit zwei deutsch-russischen Jugendlagern in Wolokolamsk begonnen worden war. Diese damaligen Jugendlager dienten unter anderem dazu, das äußere Bild des weitläufigen Klosterareals durch Säuberungs- und gewisse Reparaturaktionen zu verbessern.

Im Zusammenhang mit der Initiierung und Entwicklung des Projekts Wolokolamsk soll kurz von insgesamt fünf Reisen nach Moskau und zum Kloster berichtet werden. Ständiger Partner und Gastgeber seitens der russisch-orthodoxen Kirche war dabei der Metropolit Pitirim. Dieser leitete damals die Presse-, Verlags- und Werbeabteilung der Kirche von einem repräsentativen Gebäude in Moskau aus. Er war befreundet mit Michael Gorbatschow, den er öfter zu Reisen nach Westeuropa begleitet hat. Pitirim war auch als – zunächst aussichtsreicher – Kandidat für die Wahl des Patriarchen aufgetreten und dabei offenbar das Opfer einer innerkirchlichen Intrige geworden: Bei der Wahl im „Heiligen Synod“ „siegte“ der Konkurrent, der Metropolit von St. Petersburg Alexej. Pitirim verlor seinen mächtigen Einfluss, zumal Gorbatschow inzwischen von der politischen Bühne abgetreten und durch Boris Jelzin ersetzt worden war. Jelzin und später Putin jedoch hielten es natürlich mit dem neu gewählten Patriarchen aus St. Petersburg.

Metropolit Pitirim war eine faszinierende Gestalt. Bei den Besuchen in Moskau oder bei seinen relativ häufigen Aufenthalten in Deutschland entwickelte er in den zahlreichen Begegnungen – meist nach einem gemeinsamen Essen –, seine Pläne, Vorhaben und Visionen. Er sprühte nur so vor Einfallsreichtum: außer dem Projekt „Kloster Wolokolamsk" wollte er auch zahlreiche andere Projekte verwirklichen, in erster Linie zur Verbesserung der Strukturen und Lebensverhältnisse in seinem eigenen Klosterbezirk Wolokolamsk mit dem gleichnamigen zentralen Ort und einer sich anschließenden Gesamtregion: So wollte er eine Ziegelei bauen für die Herstellung von Backsteinen, auch für den Wiederaufbau des Klosters, er wollte eine große Straßenverbindung und -anbindung seines Heimatbereichs an die Achse Moskau-St. Petersburg schaffen, er plante ein riesiges Feriendorf für die Entwicklung des Tourismus in seinem Bereich. Die Holzhäuser dafür wollte er aus Schweden beziehen, wo er bereits entsprechende Verhandlungen geführt hatte, usw., usw…

Wenn nur ein Bruchteil dessen, wovon er träumte und was er plante, verwirklicht worden wäre oder verwirklicht worden ist, dann hätte oder hat er sich bereits sehr verdient gemacht.

Die theologische Fakultät der Universität von Gießen hatte ihm die Ehrendoktorwürde verliehen, beim Festakt hatte ein Abgeordneter für die Mainzer CDU-Landtagsfraktion ein Grußwort zu sprechen.

Die erste der insgesamt fünf Reisen in Sachen Wolokolamsk war eine ganz frühe Erkundungsreise, die überhaupt erst zu dem Projekt geführt hat: Fraktionsvorsitzender Wilhelm und zwei Abgeordnete seiner Fraktion, unter anderem Dieter Hörner, waren die Teilnehmer. Lange Gespräche mit Metropolit Pitirim und ein erster Besuch des Klosters standen auf dem Programm. Zum ersten Male konnte man nach einer eineinhalbstündigen Anfahrt von Moskau aus in fast völliger Einsamkeit das Kloster liegen sehen: Schon von weitem hob es sich als weiße Silhouette vom Horizont ab, langgestreckt mit der hohen weißen Außenmauer und mehreren weißen Kirchtürmen, die dahinter emporragten. Wie eine friedliche, sonnenüberflutete Festung lag das Kloster da. Erst nachdem man durch das große Tor ins Innere des Klosters getreten war, sah man auf Schritt und Tritt den Verfall und die Brüchigkeit. Rabatte, Fußwege, Treppen und Mauerwerk waren davon betroffen. Und dann erst das Innere der Kirchen: Der einstige Glanz und Prunk war nur noch zu erahnen. Die riesigen bunten Heiligenbilder, die Ikonen, die Keramikteile, die Fußböden und die einst gestalteten Decken waren abgeblättert, marode, zum Teil stark zerstört.

Die zweite Reise in Sachen Wolokolamsk war bereits eine Reise mit Vertretern aller Landtagsfraktionen und der Regierung. Hier nahm das Projekt als gemeinsames Versöhnungswerk erstmals Konturen an, hier wurden die Jugendlager geplant und terminiert. Auch wurden Gespräche mit der Regierung der Sowjetunion geführt, nämlich im Außenministerium sowie im Ministerium für Kirchenfragen. Natürlich wurde dann in der Deutschen Botschaft vorgesprochen, wo man die deutschen Gesprächsteilnehmer – der Wanzen wegen – in den abhörsicheren „Bunker" führte.

Die dritte „Wolokolamsk-Reise" war die größte und offiziellste. Sie bestand aus einer Delegation der rheinland-pfälzischen Regierung und des rheinland-pfälzischen Landtags, zusammen mit einem Staatssekretär aus dem Bonner Außenministerium.

Ministerpräsident Dr. Carl-Ludwig Wagner, die Vorsitzenden der Landtagsfraktionen, weitere Vertreter aus allen Fraktionen sowie andere wichtige Persönlichkeiten des Landes (z. B. der Landesbankchef), außerdem eine große Gruppe von Pressevertretern mit Fernseh- und Zeitungsleuten nahmen an dieser Reise teil.

Der Hinflug nach Moskau erfolgte mit einer Sondermaschine der deutschen Bundeswehr, der Rückflug mit der sowjetischen Luftfahrtlinie Aeroflot. Untergebracht war die Delegation in dem riesigen Moskauer Hotel „Russia" mit seinen über 6.000 Betten. Einer der Reiseteilnehmer sprach sehr despektierlich von einem „Kakerlaken-Schuppen".

Dieses Hotel war zentral unregierbar, es konnte offenbar nur abschnittsweise mit so genannten Flurabteilungen in den einzelnen Stockwerken verwaltet werden. In der Nacht waren Prostituierte auf den Fluren unterwegs und klopften an die Zimmertüren. Der Ministerpräsident berichtete von diesem nächtlichen Erlebnis beim Frühstück, indem er den Dialog wie folgt wiedergab: „Es klopft. Ich frage: ‚What do you want?'
Zarte weibliche Stimme vor der Tür: ‚I want make love.'
Antwort aus dem Zimmer: ‚But I dont want make love!'
Sie draußen: ‚Sorry'."

Einem Pressevertreter wurde, wohl bei einer entsprechenden Gelegenheit, eine über 10.000 DM teure Fotoausrüstung aus dem Zimmer gestohlen. Die Flurverantwortliche der dezentralen Hotelverwaltung schloss sich stante pede dem Kollegen Dieter Hörner an, als dieser mit einer unverpackten Flasche Wodka in der Hand an ihr vorbeiging und seinem Zimmer zustrebte. Sie stellte dann auch gleich den Fuß in die Tür, damit er sie ja nicht noch im letzten Augenblick vom gemeinsamen Gelage ausschließen konnte.

Aber das eigentlich wichtige Ereignis dieser Reise war die große kirchlich-staatliche Zeremonie der Vertragsunterzeichnung im Kloster Wolokolamsk. Vor großer Zuschauerkulisse wurden eine Reihe von Reden und auch Gottesdienst gehalten; der Ministerpräsident, der Metropolit, alle Fraktionsvorsitzenden oder ihre Vertreter unterzeichneten dann hintereinander in feierlicher Handlung den Vertrag zwischen Rheinland-Pfalz und der russisch-orthodoxen Kirche über den Wiederaufbau sowie den Ausbau des Klosters.

Bankette, Gelage, Gespräche, Besichtigungen schlossen sich an, das Programm war dichtgedrängt.

Die vierte Reise nach Wolokolamsk fand zur Zeit der neuen heutigen Regierung und des inzwischen „abgespeckten“ Projekts statt. Die Delegationsteilnehmer sollten sich über den Stand der Bauarbeiten für die Jugendbegegnungsstätte in dem einen Klostertrakt und für eine Straße als neue notwendige Zuwegung zum Kloster informieren. Dabei besuchten die Abgeordneten zusammen mit den Journalisten, auch den Bezirk des berühmten, in der Nähe gelegenen Klosters Sagorsk. Unglaubliche Pracht und unbeschreibliche Armut waren unmittelbar nebeneinander: Das Innere der Kirchen strotzte nur so von Gold, erlesener Architektur und kostbaren Gemälden, die Unterkünfte des Klosternachwuchses, der jungen Brüder, dagegen spotteten jeder Beschreibung und zwar sowohl, was die verwahrlosten Schlafsäle mit jeweils 20 bis 30 Betten als auch vor allem, was die sanitären Einrichtungen betraf, deren Anlage und Zustand schockierten.

Armut, Zerfall und kaum beschreibbare Zustände begegneten der Reisegruppe schon bei der damaligen Hinfahrt zum Kloster, als auf halbem Wege ein Zwischenstopp im Haus eines Gemeindepfarrers, der ein

Vertrauter Pitirims war, eingelegt wurde. Das Gebäude mit all seinen Räumen war von einer unvermuteten Schlichtheit und Primitivität. Ebenso das karge Essen mit schmalen Fischstreifen, rohem Salat und ein wenig grauem Brot. Aber das alles wurde von freundlichen, alten Frauen rührend angerichtet und aufgetragen. Doch welch grotesker Gegensatz: Pitirim fuhr dort vor mit der überlangen ehemaligen „Staatskarosse" des früheren Staats- und Parteichefs Leonid Breschnjew, die er nach dessen Abgang erstanden hatte.

Die fünfte und letzte Reise in Sachen „Wolokolamsk" war wieder eine offizielle Tour zur Einweihung der neuen Jugendbegegnungsstätte im Kloster.

Der Landtagspräsident, der Staatssekretär aus dem Kultusministerium, die parlamentarischen Mitglieder des Arbeitskreises „Wolokolamsk" sowie junge Musiker der Villa Musica und Pressevertreter gehörten zu der Reisegruppe.

Pitirim, zusammen mit seinen Leuten, begrüßte und betreute die Gäste. Die Zeremonie im Kloster war eindrucksvoll, weniger vielleicht der gehaltenen Reden wegen als aufgrund des großartigen Musizierens der jungen Leute.

Bei einem Empfang in der Deutschen Botschaft konnte festgestellt werden, dass diese inzwischen – es war bereits nach der Wiedervereinigung – in das ungleich prunkvollere Areal der früheren DDR-Botschaft umgezogen war.

Eine Russlandreise besonderer Art war zur Zeit Gorbatschows die Reise des Mainzer Domchors zusammen mit Angehörigen der Wiesbadener Staatsoper. Die Reise wurde von je einem Vertreter der Mainzer Landtagsfraktionen und Journalisten begleitet.

Die Konzerte in Moskau und Leningrad füllten die großen Musiksäle mit einem begeisterten Publikum.

Einen tiefen Eindruck hinterließ der Besuch der Reisegruppe im Kreml. Bei dem Aufenthalt in der großen Kreml-Kathedrale, kurz nach der Führung durch einen russischen Begleiter, rief plötzlich der Dirigent die etwa 45 Jungen und Mädchen des Domchors mit ihren Anoraks und kleinen Rucksäcken nach vorne in den Altarraum. Er ließ sie drei Choräle singen. Es war ein einmaliges Erlebnis: Zum ersten Mal seit Jahrzehnten erklangen geistliche Lieder des Christentums in der Kirche des Kremls! Viele ältere Leute, russische Männer und Frauen, die zum Beten gekommen waren, staunten, waren verwundert, ergriffen – einige wischten sich Tränen aus den Augen.

Die Strecke von Moskau nach Leningrad wurde in der Nacht mit der Eisenbahn zurückgelegt. Die Wagen des Zuges, einige von ihnen innen sogar mit edlen Hölzern ausgekleidet, hatten schon bessere Zeiten gesehen. Auch das Verhältnis der Schaffner zu ihrer Bahn war wohl eher in Auflösung begriffen: Zwei von ihnen verkauften die Schirmmütze, den Uniformrock und die Gürtel mit den Emblemen im Koppelschloss gegen die begehrten westdeutschen Devisen.

Beim Besuch der Delegation in der Leningrader Musikhochschule waren in einer riesigen Halle mehrere russische Chöre und zahlreiche Gäste versammelt. Als dann einer der Abgeordneten, der die Rede für die deutschen Besucher zu halten hatte, sich versprach oder es absichtlich tat – und die Stadt „Sankt Petersburg" nannte, da gab es einen langen, stürmischen Beifall, und dem Rektor der Hochschule liefen Tränen die Backen herunter.

Es war eine unvergleichliche Reise!

Die Reise nach Schottland

Diese Reise war veranstaltet worden von dem Landesvorsitzenden der Mittelstandsvereinigung, dem Bundestagsabgeordneten Hans-Jürgen Doss. Er hatte dazu vor allem den damaligen Vorsitzenden der CDU-Landtagsfraktion Hans-Otto Wilhelm, einen seiner Mitarbeiter sowie einen CDU-Abgeordneten eingeladen.

Auf dem Luftweg gelangte die Reisegruppe von Frankfurt über London nach Glasgow. Von dort fuhr man mit Autos, welche die Gäste abholten, nach Perth im Norden Schottlands. Die Abgeordneten waren dort zu dem zweitägigen Kongress der schottischen Konservativen Partei eingeladen.

Am Eingang des Tagungs-Hotels und an zwei bis drei anderen Stellen musste man sich scharfen Kontrollen unterziehen, vergleichbar denen auf den Flughäfen. Die Leute liefen fast nur noch mit erhobenen Armen herum, immer einer neuen Kontrolle gewärtig. Der Grund für diese strenge Kontrolle lag darin, dass es beim letzten Kongress der Konservativen im britischen Seebad Brighton ein Attentat gegeben hatte, das Tote und Verletzte forderte.

Das Hauptereignis dieses Kongresses, der an den beiden Tagen von den deutschen Parlamentariern stundenlang verfolgt wurde, war die Rede der damaligen Premierministerin Margret Thatcher. Es ging der Partei damals nicht sehr gut, sie hatte zuvor Wahlen verloren – aber Maggie Thatcher sprach den begeisterten Delegierten kämpferisch Mut zu und ließ ihre Rede mit einem Gebet enden.

Hinter der Bühne war die Technik des Textgebers zu studieren, der die Rede abschnittsweise auf zwei für die Zuhörer unsichtbare Glasplatten projizierte, die rechts und links in Blickrichtung des Rednerpultes angebracht waren.

Für die Teilnehmer des Kongresses und für seine Gäste fand anschließend ein Empfang mit Gala-Veranstaltung, Musik und Tanz statt. Man konnte Maggie im Abendkleid am Arm ihres Mannes Dennis bewundern, wie sie den Ballsaal betrat, Freunde begrüßte und den Tanz eröffnete.

Am späten Abend gab es noch etwas ganz besonderes: eine Einladung zum Abendessen mit Maggie Thatcher in dem erlauchten kleinen Kreise von 24 Personen in der weißen Villa eines britischen Landlords. Dort überreichte Hans-Otto Wilhelm seine Gastgeschenke an die Premierministerin: den Druck einer Seite aus der Gutenberg-Bibel und die „kleinste Bibel der Welt“, die man nur mit einer Lupe lesen konnte. Als Hans-Otto Wilhelm diese Geschenke erläuterte, spürte man bereits, dass Maggie Thatcher davon sehr angetan war. Es passte so sehr zu ihrer Stimmung und zu den religiösen Tönen, die sie in ihrer Rede vor dem Kongress hatte anklingen lassen. Sie dankte sichtlich bewegt mit feuchten Augen, indem sie rief: „I thank you very much. God bless you, Germans. God bless you!”

Nach dem Parteikongress waren die schottischen Highlands mit ihren schroffen, zum Teil schneebedeckten hohen Bergen das Ziel. Ein besonderes Erlebnis war der Besuch eines sehr exquisiten Terrains: einer First-Class-Golfanlage mit einem zentral gelegenen alten, feudalen Hotel, von dem sternförmig 12 Golfplätze abgingen. In diesem Hotel fanden immer wieder, wie erklärt wurde, Tagungen der europäischen Außenminister oder der NATO statt.

In der Nähe von Loch Ness, dessen Wunder man allerdings nicht ansichtig wurde, gab es noch einen komfortablen Empfang. Der Aufenthalt in Glasgow diente Gesprächen mit Vertretern des Mittelstandes.

Anschließend wurden mehrere Whisky-Destillerien besichtigt. Es war faszinierend: In breiten Bachbetten aus Beton floss der Whisky durch große Hallen, man wurde schon durch den starken Duft wie benommen. Es folgten Whiskyproben und Whiskygeschenke!

Bei einer der Whisky-Destillerien wurde auch ein angeschlossener hochmoderner Gärtnereibetrieb inspiziert. Hier konnte man durch Gewächshäuser gehen, in denen Tomaten elektronisch gesteuert bewässert und belüftet wurden, so dass sie am selben Tag, in gleicher Größe mit dem gleichen Gewicht die gleiche Reife zur gemeinsamen Ernte aufwiesen.

Nicht zuletzt konnte noch der schönen schottischen Hafenstadt Aberdeen ein Besuch abgestattet werden. Wie es sich gehörte, machte man zuerst der Lady Aberdeen in ihrem Schloss seine Aufwartung.

In einem der vielen Salons war der festliche Empfang. Mit einer kleinen Ansprache überreichte Hans-Jürgen Doss die Gastgeschenke – leider jedoch der falschen Dame, es war die Gesellschafterin, die am festlichsten gekleidet in der Runde stand – er hatte sie mit der Schlossherrin verwechselt. Die echte Lady Aberdeen stand recht unscheinbar gekleidet etwas abseits. Sie hatte, wie dann bei einem Rundgang durch die Schlossanlagen zu entdecken war – man möge die Ungalanterie verzeihen – ein großes Loch in ihrem gestrickten Strumpf. Auch in ein Gebäude, das wie eine Turnhalle aussah, durfte man die Lady begleiten: Dort ließ sie Laienspiele aufführen, bei denen sie jeweils die Regie übernahm. Ein großartiges Dinner rundete den angenehmen Aufenthalt ab.

Am Abend war ein Treffen mit Geschäftsleuten in Aberdeen, am nächsten Tag der Besuch einer Keramik- und Porzellanfabrik sowie einer Spezialfabrik für die Ausrüstung zur Tiefseeforschung. Dort war die Wunderwelt unter Wasser zu erleben, außerdem konnte man beobachten, wie komplizierte Tauchkabinen hergestellt wurden.

Ein Erlebnis besonderer Art war frühmorgens der Fischmarkt von Aberdeen mit anschließendem Frühstück.

Die befreundete schottische Abgeordnete Gail, eine junge Mittelstandspolitikerin aus dem britischen Unterhaus, hatte in ihre Wohnung eingeladen. Gail musste beim Gehen einen Stock benutzen, weil sie bei dem Anschlag auf den Parteikonvent in Brighton verletzt worden war. Es war ein wunderbares Zusammensein mit dieser großartigen Frau. Wenige Wochen nach der Rückkehr nach Deutschland kam die erschreckende Nachricht, dass sie verstorben war.

Der abschließende Besuch in Schottland galt der altehrwürdigen Stadt Edinburgh. Den größten Eindruck hat dabei die Burg hinterlassen: die mächtigen Wehrtürme, die herrliche Aussicht, das historische Museum, die Kanonen mit der Steinmunition und die uniformierten Betreuer – das alles konnte die Besucher für etwa zwei Stunden ins Mittelalter zurückversetzen.

Die Reise nach Salzburg

Es bestand und besteht eine Partnerschaft zwischen dem rheinland-pfälzischen Landtag in Mainz und dem regionalen Landtag in Salzburg. Daher gab es wechselseitige Besuche der Vertreter beider Landtage im Salzburger Land und in Rheinland-Pfalz.

An einer solchen Reise nach Österreich hatten Mitglieder des Ältestenrates des rheinland-pfälzischen Landtages zusammen mit dessen Präsidium, d. h. dem Präsidenten und den Vizepräsidenten, sowie je einem Vertreter der im Landtag vertretenen Fraktionen teilgenommen.

Die Hinfahrt erfolgte mit Pkw. Schon an der Grenze holten die Gastgeber ihre Gäste ab. Eingeladen hatten der Präsident des regionalen österreichischen Landtags und seine Stellvertreter. Gleich hinter der Grenze gab es schon einen Begrüßungsschluck, dem dann noch viele weitere folgen sollten.

Die erste Konferenz zwischen den Gesprächspartnern fand im Salzburger Parlamentsgebäude statt. Die Themen waren: die verschiedenen Strukturen der beiden Landtage und der Parteien bzw. der Fraktionen, die in Österreich „Clubs" genannt werden.

Untergebracht waren die rheinland-pfälzischen Gäste in einem sehr feudalen Hotel, das offenbar noch aus der k. u. k.-Zeit stammte.

Neben den Konferenzen über aktuelle Sachthemen und künftige Entwicklungen sowie einem Empfang beim Landeshauptmann wurden auch die Stadt Salzburg und dann in der Nähe die Stadt Karajans besichtigt. In St. Johann war der Besuch eines Gottesdienstes in einer architektonisch beachtenswerten Kirche, anschließend der des legendären Weihnachtsmarktes, der auf dem weiten Kirchenvorplatz stattfand.

Auch in Salzburg stand der Weihnachtsmarkt auf dem Programm, vor allem aber das Erlebnis des Mozartmuseums, dessen Besuch besonders wegen der dargebotenen Musik sehr eindrucksvoll war.

Die geselligen Abende mit ihren gleichwohl intensiven Gesprächen wurden meist in dem hoch oben auf dem Berg gelegenen Casino bei einem festlichen Essen verbracht sowie in einem zünftigen Lokal mit österreichischen Nationalgerichten. Das Lokal war überfüllt mit betrieblichen Weihnachtsfeiern an den Nachbartischen.

Abschließend war zu erleben, wie man in der Nähe von Salzburg ein historisches Dorf zu einer Fremdenverkehrsattraktion gestaltet hatte.

Eine ähnliche Fahrt nach Salzburg mit der CDU-Fraktionsspitze diente zahlreichen Gesprächen mit Arbeitskreisen des ÖVP-Clubs.

Aus der persönlichen Abteilung dieses Besuchs ist noch ein freundschaftlicher Ärger in Erinnerung, den ein Fraktionsstellvertreter bereitet hat, indem er des öfteren vor gemeinsamen Terminen „abgetaucht" war. Daraufhin wurde ihm an seine Heimatadresse ein Telegramm mit folgendem Inhalt geschickt: „Es ist sehr schön und ertragreich hier in Salzburg. Schade, dass du nicht dabei sein kannst!" Bis heute haben weder er noch seine Frau darauf reagiert.

Die Reisen in die DDR

Die Reisen der CDU-Landtagsfraktion in die DDR waren mangels direkter politischer Gesprächsmöglichkeiten eher eine kulturelle Spurensuche. Aber das war keine Einschränkung, denn bei der Kultur, der Kunst und Geschichte ging es um wichtige Wurzeln der Gemeinsamkeit aller Deutschen.

Im Lutherjahr 1983 war die Reise den Stationen und Gedenkstätten des Reformators gewidmet: Eisleben, Wittenberg, die Wartburg, aber auch Weimar standen auf dem Programm. In Weimar war es das Goethe-Haus, die gemeinsame Grabstätte Goethes und Schillers, das Nationaltheater mit dem Besuch einer Aufführung der Oper „Othello" von Verdi. Übernachtet wurde im historischen Hotel „Elephant" am Markt.

Der Besuch der Gedenkstätte des Konzentrationslagers Buchenwald erfüllte mit Grauen und Scham. Er steht unauslöschlich in der Erinnerung eines jeden!

Bei der zweiten Reise der Fraktion in die DDR, die vor allem nach Erfurt, Leipzig und Ost-Berlin führte, folgte man in Leipzig den Spuren Johann Sebastian Bachs, besuchte ein Konzert in der Nikolaikirche, dann Auerbachs Keller und wohnte im Hotel „Merkur". Hier wurde zum ersten Mal erkennbar, dass die Gruppe der Abgeordneten in geziemendem Abstand ständige Begleiter hatte: drei bis fünf unauffällige Männer in Ledermänteln.

In Erfurt gab es eine Stadtbesichtigung u. a. mit dem Besuch des Doms und einer abstrakt philosophisch versponnenen Führung in dem imposanten Gotteshaus. Ein Kollege wurde damals dazu angeregt, den Neubau der maroden Freitreppe des Doms zu gestalten und zu finanzieren. Gewohnt hatten die Abgeordneten im Hotel „Erfurter Hof", das kurz zuvor durch die erste deutsch-deutsche Begegnung zwischen Bundeskanzler Willy Brandt und dem DDR-Ministerpräsidenten Willi Stoph Berühmtheit erlangt hatte. Das Hotel selbst zeugte von verblichenem Glanz – Jugendstil wurde in der Innenarchitektur deutlich mit einer Fülle von Hinweisen auf bessere Zeiten. So hatten, um nur ein Beispiel zu nennen, die Baderäume der Gästezimmer prächtig verzierte Armaturen mit Vignetten und gefälligen Schnörkeln – aber fast alles war rostig, verrottet, marode.

Ein wichtiges Gespräch mit Verantwortlichen der Stadt Erfurt über den Umweltschutz zeigte die großen Probleme, vor allem die mit der Luftverschmutzung in dieser Region. Mit der Lösung dieser Probleme im Sinne eines modernen Umweltschutzes hatte man gerade erst begonnen.

In erster Linie aber handelten die Gespräche mit den zuständigen Vertretern der Städte und des Staates, so z. B. in Erfurt und Leipzig, von der Kulturpflege und den Arbeiten zur Restauration unersetzbarer Kulturschätze. Die Busfahrt durch ländliche Gebiete vermittelte zwiespältige Gefühle: Es war wie eine Reise in die Vergangenheit, in die Zeit vor fast fünfzig Jahren etwa: holprige, gepflasterte Straßen, vorbei an alten idyllischen Bauernhäusern mit freilaufendem Vieh in offenen Höfen und dem Misthaufen beim Haus – romantisch und bedrückend zugleich.

In die Nähe von Erfurt wurde ein kleiner Kreis von Abgeordneten zu einem Abendgespräch mit einem Priester eingeladen. Der Priester war der Bruder des Kollegen Karl Hoppe. Er betreute, von der Kirche eigens damit beauftragt, kritische Ehen mit scheidungswilligen Partnern – ein großes Problem damals in der DDR.

In Ost-Berlin war die Stadtrundfahrt durch die Regierungsviertel und den historischen Teil der DDR-Hauptstadt vor allem wegen der „Stadtbilderklärerin" denkwürdig. Sie sparte nicht an doppeldeutigen Aussagen über die politischen Verhältnisse, die Regierungsprominenz und ihre Arbeitsmoral in der DDR. Auch hier wieder in geziemendem Abstand die Begleitung durch die Herren in Ledermänteln.

In West-Berlin führte man anschließend Gespräche mit Senatoren und dem Regierenden Bürgermeister Diepgen über die politische Situation, die Probleme der Stadt und auch hier über Kulturförderung. Zum Essen waren die Abgeordneten eingeladen durch den Regierenden Bürgermeister ins Restaurant des Schöneberger Rathauses. Vor allem aber war die CDU-Fraktion zu Gast bei dem großen Geburtstagsempfang von Hanna-Renate Laurien im Schöneberger Rathaus. Bemerkenswert waren weniger die Reden als der Elefant des Berliner Zoos, der die breite Freitreppe des Rathauses hinauf stampfte, in den großen Festsaal hereintrat und mit hochgeschwenktem Blumenstrauß im Rüssel der Kultursenatorin gratulierte.

Bei einer Reise des Kulturpolitischen Ausschusses des Landtages von Rheinland-Pfalz in die DDR ging es um das Studium des ostdeutschen Schulwesens mit Besuchen vor allem in Ost-Berliner Schulen aller Schularten. Zahlreiche Gespräche wurden geführt mit Direktoren, Rektoren, Lehrern – leider nicht mit Schülern, das war nicht erwünscht! Eine besonders linientreue Schule der DDR-Hauptstadt fand dabei große Aufmerksamkeit: Sie war in der Partnerschaft des von Erich Mielke geführten Sport-Großvereins Dynamo Berlin. Hier wurde das Fotografieren scharf kontrolliert.

Am bewegendsten war ganz kurz nach der Wende die Reise von Vertretern des CDU-Landesverbandes Rheinland-Pfalz im Januar 1990 in mehrere Städte des Partnerlandes Thüringen. Hier wurden zum orthodoxen Weihnachtsfest an die russischen Soldaten in Gera, Erfurt, Weimar und anderen Städten Geschenkpakete verteilt. Die Pakete hatten CDU-Mitglieder aus allen Teilen des Landes Rheinland-Pfalz gespendet und gepackt.

Es kann kaum beschrieben werden, wie die überwiegend jungen Soldaten, die in militärischem Gänsemarsch vor der Ausgabestelle antreten mussten – oft mit Tränen in den Augen –, sich über diese Pakete gefreut haben.

Abschließend war eine kleine Gruppe der rheinland-pfälzischen CDU-Vertreter mit dem Landesvorsitzenden Hans-Otto Wilhelm an der Spitze eingeladen von dem Kommandierenden General der russischen Stationierungs-Streitkräfte in seine Führungskaserne in der Nähe von Weimar. Nach einem sehr ernsten und auch politisch kontroversen Gespräch mit dem General und seinen Führungsoffizieren war die westdeutsche Delegation eingeladen zu einem recht opulenten Mahl, bei dem vor allem der Wodka in Strömen floss.

Der General erwies sich dabei als ein Kenner von hohen Graden: Er erläuterte u. a. ausführlich, dass der Wodka von der Wasserqualität abhänge – der beste Wodka komme daher aus dem Kaukasus, weil dort das Wasser am klarsten, am reinsten und am besten sei.

* * *

Reminiszenzen aus vergangenen Zeiten – sie enden hier. Die Aufgaben, Fragen und Gedanken der Gegenwart sind oft ganz anderer Natur ... Aber beides bleibt verwoben.

Man blickt zurück, eher zufällig, assoziativ, meist nicht im geschlossenen Zusammenhang. Sonst könnte das hindern, ganz in der Gegenwart zu leben, zu handeln für die Zukunft. Ihr aber sind wir verpflichtet, auch wenn wir uns erinnern.